山谷中的放浪童年

美嘉・派克斯 著
薛楨麗 譯

Pagan Time
An American Childhood

高 談 文 化

國家圖書館出版品預行編目資料

山谷中的放浪童年/美嘉・派克斯（Micah Perks）著；薛楨麗 譯. — 初版. — 台北市 ： 高談文化，2004【民93】
面 ； 公分
譯自：Pagan Time:An American Childhood
ISBN 986-7542-44-4（平裝）
1.派克斯（Perks，Micah）－ 傳記

785.28

山谷中的放浪童年

作者：美嘉・派克斯　譯者：薛楨麗
發行人：賴任辰　總編輯：許麗雯
主編：劉綺文　編輯：李依蓉
企劃：張燕宜　行政：楊伯江
地　址：台北市信義路六段29號4樓
電話：（02）2726-0677 傳真：（02）2759-4681
E-Mail：cultuspeak@cultuspeak.com.tw
定價：新台幣180元整
圖書總經銷：凌域國際股份有限公司
電話：（02）2298-3838 傳真：（02）2298-1498
印製：松霖印刷　（02）2240-5000
郵撥帳號：19282592高談文化事業有限公司
行政院新聞局出版事業登記證局版臺省業字第890號

2004年7月初版

目錄 Index

推薦序

童年的告白與語言的救贖？

交通大學外文系教授馮品佳

一九六〇年代的美國是許多作家迷戀的主題，特別是生於斯、長於斯、屬於戰後「嬰兒潮」（baby boomers）的四年級與五年級生，許多人希望能貢獻生命的片段，爲這個「狂飆」歲月的大拼圖再增添一些新的色彩與圖樣。美嘉・派克斯（Micah Perks）的回憶錄《山谷中的放浪童年》（Pagan Times: An American Childhood 2001）就是這樣的一本五年級生的童年告白。在包括筆者在內的五年級生紛紛走入懷舊情懷的今日，派克斯所勾勒出的兼有獨特性與普遍性的美國童年可以說具有相當的可讀性。

《山谷中的放浪童年》花了五年時光方才成書。在派克斯的自述中稱這個書寫經驗爲「轉變性的實驗」（transformative experiment），因爲她的出發點是個人的，想要展現她自己童年往事的與眾不同。然而在寫作的過程中，她卻發覺這一段令她念念不忘的時光其實在某種程度上是相當典型的美國童年。

如果就這本以片段式的編年記載串聯而成的回憶錄中各種光怪陸離的故事來看，派克斯的童年的確極不尋常。她的父母在山中創立一所專門收容心理失常青少年的山谷公社學校，而派克斯與妹妹的生長環境就是這個綜合自然美、性解放、自由主義與暴力血腥的奇特組合。她們的童年回憶有到加拿大的北極圈度暑假的經驗，有父親率領一群上空的女學生在湖上泛舟而令眾人側目的怪異事件，也有全校師生以牛糞互相攻擊的模擬戰爭等等。這些不尋常的經驗在派克斯筆下則又呈現一種模稜兩可、既像童話又似惡夢的特質。畢竟在公社學校超脫世俗的烏托邦生活也有派克斯的好友波被不良學生性侵害的記憶以及父親縱火燒燬學校以領取保險金的懷疑，由這幾段往事在回憶錄中的重複出現也可見其創痛之深，雖然派克斯並非直接受害人卻能感同身受，而且這些事件也可以說象徵性的作爲派克斯童年記憶中創傷的代表。

從另一角度而言，山谷公社學校設立的理念承襲了美國立國基本神話的「美國夢」精神，而出身文學科班又在教授美國文學的派克斯也顯然將自己的回憶錄置放在這個大傳統之中。即使六零年代以反文化（counterculture）著稱，誠如派克斯所言其實這個世代也並非美國歷史中的特例，而是以另一種形式反映了美國文化追求烏托邦的慾望。十九世紀美國文藝復興時代的知名作家霍桑（Hawthorne）就曾在新英格蘭建立公社小溪農莊（Brook Farm）。在深山叢林之中的山谷公社學校試圖創造一個不受主流價值操控、結合公社與學校的社區，的確充滿「美國夢」的理想色彩。這種隱然與美國文化與文學傳統互文對話的書寫也使得派克斯的私密經驗展現了某種普遍性及文學性。原文的扉頁引用《頑童流浪記》結尾時哈克的名言表達想要逃離文明桎梏的渴望，或是以哈克比喻離經叛道的父親，就是文本中使用文學典故以文本互相輝映的方式將個人生命寫入美國文學之最佳例證。

然而，現實與理想一定有其差距，有美國夢就會有美國惡夢、有烏托邦必然有反烏托邦。因此就像美國歷史上諸多烏托邦計畫一樣，山谷公社學校也終究不能持久。派克斯在回憶錄中以學校老師的「大分裂」代表這個理想國的最終命運。這個分裂不僅帶來公社學校的解散，也造成派克斯的家庭破裂，父母離異，她也因而被迫走入外在世界。對於曾經在正規幼稚園六週不曾開口的派克斯而言，大分裂造成的「文化衝擊」與創傷不可謂不大。

譯者在序言中指出作者是藉著書寫讓自己走出童年的創傷與夢魘，而她「落筆的剎那，大約是她心中天亮的時刻吧」。誠然，古今中外有多少文人墨客希望在語言文字中尋求心靈的救贖，引領期盼天明的那一刻。派克斯或許也不例外，《山谷中的放浪童年》一開始就以一種「你-我」的形式製造一種對話的框架與效果，表達出作者想要分享自己奇特的生命經驗之急切，也展演出一種希望與家庭以外的人溝通經驗的渴望，使得文字的創造有如書寫治療。但是文本的結尾以後設性的方式記載了家人對她回憶敘事的反應，而這些反應似乎表達作者對於自己的書寫動作以及語言的功能產生的質疑。即使她可以像異教徒女王波蒂莎一樣劫取所有人的故事，但是也只能在想像中拯救波不被侵害或是承擔起燒毀學校的責任。畢竟逝水年華終難追憶，只留下語言本身不斷地試圖複製記憶不完整的童年，她所要尋找的救贖也很難從這種複製性的語言之中尋獲，而必須採取更積極的行動。或許我們也只能以最後一章的佛意十足的標題「勿執著」來總結《山谷中的放浪童年》的回憶活動吧。

譯序

原本我並不想翻譯這本書，因為想到六〇年代，就想到「披頭四」的歌聲——約翰·藍儂的虛無、保羅·麥卡尼的甜美，以及我自己的中學生活……，都已經收藏在箱子裡，時空凝結成褪了色的相簿和剪貼本，我要再打開一次嗎？我漫不經心地翻閱了第一章，被作者邊想邊說的寫作方式所催眠，開始好奇，一個從小在烏托邦社區和問題少年群中長大的孩子，是如何安全過關？不知不覺每天急於知道一下章的發展。

從第一章可以看出，作者從青春期到成年後，一直試圖將自己奇異的童年告訴朋友，但她有表達上的困難，或說那樣複雜的場景，散落在記憶中的碎片，實在難以為外人道，聽的人可能覺得她怪裡怪氣，而她也發現每每想要與朋友深交，自己的童年都會成為一堵無形的牆介於其中，這本帳一天不交代清楚，她一天無法從青澀少年蛻變成真正的成年人。傷口要藉這本回憶錄癒合，夢魘要因此掙脫，我想作者落筆的剎那，大約是她心中天亮的時刻吧。

本書原名直譯為「異教徒的年代」，所謂異教原指基督教、猶太教、回教徒眼中無信仰者或多神信仰者，或指未開化的人，總之是置身於社會主流文化之外的族群，指的是作者的父母，特別是父親，他的身世交代不清，而以喀爾特人自居，於是相對於歷史上的羅馬人，喀爾特人自然位居異教徒地位，這便是書名的源由，以及潛伏於情節的背景。

六〇年代的美國比現在更美國，各種價值觀在試管裡蒸騰，整個社會是個大實驗室，作者的父親正是典型的嬉皮，作者如何仲裁他不受道德羈絆的行為？如何在其中得到平衡？小孩子只是棵沒有感覺的大白菜嗎？如果沒有答案，那本書就是一本逃避者回憶錄了。事實上，我的好奇心在閱讀過程中一再獲得寬慰，從第五章開始，先前的天真歡樂一掃而空，焦慮逐漸加深，作者深具美感、又甜又苦的筆調，簡潔地將孩童對失序與變動的恐懼表露無遺。而後幾章，她逐漸揭開亂源，直到最後一章回憶錄完成，她給每位家人過目，並一一和他們見面，完成了她的「寫作治療」，諸般不解終於釋懷，一切已無需多言。

作者曾借用了好些美國文學或猶太文學裡的人物典故，來描繪他父母的關係。不過，乍看之下可能仍有令人不解之處，因為作者無視於典故裡人物的性別，而將他們倒錯應用到其父母身上，我想，可能這和兒童對父母性別的意識與成人觀點不同有關，另外或多或少和「山谷公社」實行某種程度的性解放有關吧。顯而易見的，作者父親的身世對他個人行為有絕對的影響，甚至影響到作者的妹妹。

當我在網路上看到作者父親的照片，正是最後一章敘述的模樣，我驚覺到所讀並非虛構，而我想讀者應該會喜歡最後一章的。讀畢，可能我們都暗自慶幸，無論童年有多少驚濤駭浪，若能倖存至今，不免讚嘆生命會自己找出路。

扉頁上，作者摘錄了二段話：

——我想我必須逃走，因為莎莉姑媽要收養我，要把我變成文明人，我無法忍受這事。以前我在那裡待過。（馬克．吐溫）

——你知道你真的需要什麼嗎？我告訴你吧。你希望被帶回家，被照顧。我想，要說的就這些了。（伊迪絲．華登）

對本書作者而言，這才是她心情的寫照，寫一本童年回憶錄並不是為了證明什麼。童年，是我們所來之處，是孕育我們的子宮，是最原始的自己，我們深恐被養馴了，再也回不去那個地方。童年，我們忘不了它。

第一章 時光倒轉

我的童年是屬於一九六〇年代的。

我知道你會想到什麼——大麻、性解放、伍士托音樂節、種族濫殺事件、越戰，因為你對六〇年代有點概念。可能那時你還年輕，或你自己的孩子還小，或你根本還沒出生呢，不管怎樣，你總在電視上看過六〇年代的情景。

六〇年代，像重播的黑白電影——甘迺迪倒在敞篷轎車後座（譯註：一九六三年這位上任僅兩年的美國總統在達拉斯街頭遇刺）；金恩博士倒在陽台上（譯註：美國黑人民權運動領袖，於一九六八年在田納西州一家旅館被刺殺）；麥康姆倒在講台上（譯註：美國黑人民族主義領導者，於一九六五年在曼哈頓演講時被刺殺）；沙粒揚起的一跳，人類從太空船跨上了月球；白人警察任憑警犬攻擊抗議的黑人群眾。

六〇年代，是用手指塗色的方式在迷幻劑裡畫出來的——迷幻旅程的色彩，是藍色的老式染色玻璃，是圓蓬蓬的金色長髮，編著心型的彩虹珠飾。

六〇年代，是速食連鎖店廣告裡的和平象徵，是芭比娃娃身上的喇叭褲，是復古時裝的代言人，是陳腔濫調，是條古雅的死巷，一切都蓋棺論定。我們出發吧。

且慢。

你說對了，這些以外還有別的，我準備要把秘密告訴你。我要你去瞧個究竟。這種慾望壓抑多時。有時，我覺得自己像是窮一生之久，索盡枯腸考慮怎麼講才能把你領進我的童年世界。

我是個九年級的學生，你比我大，又長得好看，正開車送我回家。你穿的是棉布休閒褲、馬球衫和便鞋。雨打在車頂，從擋風玻璃上滑落，你問我以前住哪裡，我開始解釋。那是一間收容心理失常的青少年的地方。不過我並沒有心理失常，好嘛，我們可能都略有一點失常，不過不嚴重。事實上，那地方有點像公社，更像農場，而實際上是個……

你神經質地大笑，嘆道：「哇塞！」

我閉上嘴，瞪著雨刷撥開雨水。

情形或是這樣的，我剛離開大學，在野外，和你共用一個睡袋。這回你是褐髮、藍眼、塌鼻子，有雙粗糙的手。我們剛初次做愛。所有的景物都灼熱發光，紅紅的火、綠綠的螢火蟲、銀白的月亮。你跟我談賽馬、騎自行車，那種在富裕中成長的生活，還有費城的基督教貴格會。而我想跟你談那間山谷裡的學校。

你說，不行，這樣太不具體啦。

我說，那是我生命中最美好（說最美好不夠準確，可是我找不到其它字眼）的一段日子。

我們仰躺著，裹在睡袋裡，靠得很近，但身體沒有碰觸。

事情總是這樣——儘管我試圖用我的故事敲開彼此間的那堵牆，但我知道我把自己變成了一個怪人，而我的童年變成一道餘興節目。

讓我換個方式講吧。

在我的時代、我的世界，在那被數千英畝陰暗森林包圍著的山谷中，我們要攜手創造一座樂園。

這是一則老故事了。我媽前世可能是亞當，神的選民，人很有趣，是和諧融洽的護衛者。如果說我媽是亞當，那我爸就是李莉絲，亞當的第一任妻子。李莉絲是上帝的第一個錯誤，一個不受管轄的人，一個誘騙者（譯註：起源於猶太文學，亞當的妻子李莉絲不肯服從亞當，逃脫後還發誓言將傷害後世的男、女嬰孩。至七〇年代中期，美國猶太裔女權主義者將李莉絲奉為女性獨立的象徵，並致力新詮亞當與夏娃的故事）。上帝還沒把把李莉絲捏好之前，她就逃出了祂的手掌。在古老的傳說中，李莉絲獨自一人逃離。

可是，如果亞當和李莉絲膽敢企圖一起逃亡那又會如何呢？深夜趁上帝熟睡之際，他倆彼此幫忙，攀爬過伊甸園的圍牆，游過寬闊、悠緩的河流。他們站在遠處的河岸上，從水草叢裡踩出一條路來。可輪到他們來開天闢地啦。那又如何？

他倆的關係就像這樣繼續。如果我媽是奈迪·邦波，那我爸就是最後一個莫西干人金嘎古克了（譯註：十九世紀美國作家詹姆斯·費尼摩·庫伯曾以奈迪·邦波為主角，寫了五本以拓荒英雄為題材的小說。金嘎古克是邦波的摯友。莫西干人是印地安人的一個部落）。或者，他們可能是伊士麥和桂奇，在皮廓特出航前夕熱列地愛過（譯註：伊士麥為《白鯨記》裡的旁白者和水手。桂奇是個魚叉捕魚手、文明和野蠻的混合體，與伊士麥有曖昧的關係。皮廓德是捕鯨船的名字）。要不嘛，我爸是哈克柏里·芬，落跑專家，一個撒謊者，而我媽是吉姆（吉姆是《頑童歷險記》的主角吉姆養母的黑奴，兩人成為好友），她是那麼無邪的母性，令你懷疑她是否有什麼深藏不露。或者，我父母是兩個不喜安靜的梭羅，（《湖濱散記》作者梭羅離群索居，本書作者的父母創辦的學校也在深山裡）。或者，他們是兩個顫動派（譯註：基督教派的一支，強調受聖靈感召時會全身顫動，崇尚獨身）的老婆婆，她們堅信自己要乘坐搖椅飛向月亮，無視於缺氧，一路唱個不停：「當我們找到理想地，我們將置身愛與歡樂的谷地」。

或者，他們是移民、拓荒先鋒，或朝聖客。那兒有日照，有挺拔的帆船，木板嘎吱作響，灰色水波濺起。我那潛心朝聖的父母，身著樸素的毛織品，凝望前方，想像著新世界的樣貌。媽的微笑是那麼安詳，她心裡正為那個未知的世界進行改良計劃。爸的腦子又想些什麼呢？是加冕典禮？還是叛亂行動？或他只是為著終於擺脫該死的道奇汽車在沾沾自喜？一個天性遁逃者的幻想會造出怎樣的伊甸園？

或許事情就這麼簡單，像兩個孩子開始搭積木塔，輪流擺，小心，小心，塔會蓋多高？玩了多久以後，其中一個會開始手腳不聽使喚？會開始不耐煩？或只是忍不住想看它搖搖欲墜地倒塌？

然而，在擺第一塊積木時，在童年的瞬間，在一樁大冒險的開頭，有種感覺會超越一切矛盾。記得那個感覺嗎？是你胸中的悸動，那種天下無難事的氣概？我小時候所有認識的人，似乎都懷著那種悸動，雖然我不會稱之為希望。

我即將告訴你如何去那個地方。

離開都市，離開城鎮，開上半天的路程，那無止境的波動攪著你的胃，窄路兩旁的樹越來越逼近，開到亞迪隆達山脈最東邊，這片土地曾一次次被暖而淺的坎布里亞海所覆蓋，近代被冰河覆蓋；然後較柔軟的沉澱物慢慢被沖刷，露出又灰又硬、億萬年的岩石，古老的陸地。

在這裡，西邊開來的拖車、雪地摩托車，閃著百威牌啤酒霓虹燈的餐廳，有配備槍架的生銹小卡車，蠟像館、鬼屋、聖誕老人工作坊、奇幻世界、邊疆小鎮、殘敗的森林、軍事要塞的廢墟……這堆陰魂不散的大雜燴所組成的亞迪隆達公園，把山脈給擠到仙普蘭湖畔；到了東邊，地勢陡降，是仙普蘭山谷絲絨般的農田，以及維蒙州那邊更青綠的山嶺。

轉入鄉間小路，一邊是覆著赤松的山脊，另一邊斜斜地來到染成金屬色的水邊。當心伐木的卡車，他們搖搖晃晃地經過，散落碎屑和樹枝。（李奧納．克奈爾，一位年輕的卡車司機，就是在這裡煞不住車，在小路上最陡的坡上，他猛踩煞車，猛按喇叭，車子越來越不穩，他決定跳車，然估計錯誤，車子從他身上輾過，木材從載貨板上彈出去，車子倒止住了，平安無事，停在狹窄的路肩上。）

向右轉入本地人口中的「有趣的農場路」——開過連綿數英里恐怖的洪水沖刷地區，以及曾因結冰而凍漲過的土地。這樣說吧，那時是六〇年代末，某個六月底，藍菖蒲和雛菊還在溝渠邊怒放著，你的車子從一團團翅膀舞不停的白蝴蝶中穿梭而過。

經過一間荒廢的棕色屋子，傳說人們發現多年前老太太餓死在屋裡，整個冬天吃貓食維生，身上裹著層層的衣服禦寒，屋裡沒有飲水，所以當時她已發臭。如今這屋子魅影幢幢，一些嬉皮少年犯把玻璃窗都破壞了。

過了一座位於雙子瀑布旁的殘破鐵橋，一隻青鳥在你的車前面飛，可視作吉兆，再越過一座位於淺溪上的單向生銹鐵橋，橋的一端，有支鋸刀釘在大松樹上，漆著古墨西哥象形文字，一朵蓮花。它看來像顆紅心，被拉向兩個方向，四周是一圈黑色圍籬。下面漆著「山谷公社學校」幾個字。爬過一座小丘，進入山谷，夏天的時候，阿爾岡京族曾在這裡狩獵，可是因為土地太過貧瘠，沒有在這裡定居。十九世紀，山脊上有過採鐵礦的人，少數執著的農夫則在林間開墾過土地，但他們也早就棄守了。如今，輪到我們在此一顯身手。

在幾座斑駁的紅色穀倉旁邊，有成群的橘色長毛蘇格蘭高地牛，甩著邪氣的角。對面是座水泥建築，看上去像間公廁，漆著幾個龍飛鳳舞的數字。然後是三座紅、黃相間的多面體圓頂屋，和挨著山邊的A字型房舍相連在一起。在穀倉前向右轉，過了旗竿後靠邊停車。一面是英國旗，一面是獨立戰爭旗，上面有青蛇圖案，寫著「不要踐踏我」，還有一面奇怪的黃旗，從不知名的地方弄來的——三面旗子在風中發出霹啪的響聲。那間老穀倉是黃色與紅色恣意揮灑的結果，有片長長的養雞場緊挨著，再過去，便是谷地，延伸到山丘，上面有三座畫著圖案的印地安人圓錐形帳蓬。

初次看到這個學校，你是否暗自好笑？由於四面環山，它像個杯子似的，裡面可能什麼都有。把車門打開，聞聞樹香、霉味和雞糞吧。

逛過破爛的穀倉，走過泥濘，你的好鞋子裡儘是牛糞，手忙著拍打蚊蚋；在吵雜的公社餐廳吃義大利麵，而現在已是晚上九點了，你隨創辦人兼聯合總監——我媽——上山來到木屋。

今晚沒有月亮，蟲子擦過你的臉龐，我們氣喘吁吁的紐芬蘭大狗把口水淌在你褲子上。在黑暗中你看不清楚，我媽穿的是牛仔褲和墨西哥式刺繡襯衫，褐髮在背後梳了根辮子。你用手拉木屋厚重的前門，可是拉不動，我媽告訴你要用兩隻手，用力，手掌都發燙了，門猛地開了，在你眼前是一幅木匾，上面刻著藤蔓花紋和「愛是永不敗落」幾個字。

媽說，她要先打個電話，要和一個學生說句話，還有她必須和我們——她的兩個小女兒——把話說完，然後她馬上就來陪你。她把沖咖啡的水放到爐子上，開始在窗台上的紙堆裡東找西找。

木屋裡，光線很暗，黝黑的地板和深色的原木牆壁，把彩繪玻璃檯燈的光都吸收掉了。對於室內裝飾，我父母喜歡紅色和藍色、古色古香、有紀念性的東西，像東方地毯上的紅和藍、有爪型腳的椅子、房子中央寬達九英尺的壁爐等等。到處都是開放式的空間，我們睡覺的地方是閣樓夾層，樓下沒有隔間（你會發現，要出去也不那麼簡單，我們這些小孩必須用擦碗布綁著門閂，合力拉開前門），裡面有長木桌，木椅子，燻黑了的鏡子、灰塵、老鼠，整個屋子隱隱散發著腐敗的尿味。

我媽召我爸來娛樂你。

爸和媽同為學校的負責人，他認為賓至如歸的要領在於給客人驚喜。現在，他身穿十八世紀皇家海軍制服，藍色毛料的燕尾外套，金釦子、有縐褶飾邊的白襯衫、白馬褲、及膝的靴子，劍配在臀後，頭髮梳成辮子，用絲絨帶綁著，在壁爐前來回踱著。他以英國腔對你說「歡迎」（注意那裝飾過度的抑揚頓挫，讓人想到茶杯，或想到指揮官史考特，凍僵了腳，在南極垂死之際所寫的：「我們以恰當的態度，刻意看遊戲如何結束。」我的意思不是指這樣很做作，只是說我爸能用純正的工人階級口音說話）。（譯註：指揮官史考特指二十世紀初英國探險家羅伯・費爾康・史考特，他成功抵達南極卻死於回程，作者引述的句子應出於他的探險日誌。）

他彎下身，在你唇上吻了一下，用他儲存在櫃台上罐子裡的巧克力螞蟻（譯註：一道甜點，用活螞蟻淋上巧克力醬做成）和醃豬腳招待你。介意來點豬腳嗎？

你禮貌地拒絕了，在桌旁坐下。我爸吞下大把巧克力螞蟻，又將一隻汁液欲滴的白色豬腳拿到嘴邊，以閃電般的速度解決了它，還咂著嘴唇充分吸取其滋味。

他嘆了口氣，這些人是從外地來的，對吧？他們穿的是正規嬉皮裝，我意思是他們有迷幻味。兩位仁兄想在曼哈頓中央搞一個真正的嬉皮公社，因此我們給他們幾隻活的雞放在麻布袋裡讓他們帶回去。我們還讓他們過夜，對吧？他們在會議室睡睡袋，連雞一起，還有那邊那條狗——橫在門廳前，已睡著了的「熊貓」（狗名），結果其中一位仁兄說，老天，那是條野豬哪！另外一位開始在天花板上以電報密碼敲出求救訊號。「熊貓」在睡夢中嗅鼻子，他們想野豬肚子餓的程度正在升高，於是再也沉不住氣地翻窗而出，急急奔上車子，把車門全部鎖好，直奔都市，再也沒回來過。而雞也忘記帶走了。

我爸抬起眉毛看看你，問你是否也和他們一樣是儒夫和蠢蛋？還是你們是玩真的？然後他聳聳肩，大笑，請你喝蘭姆酒，打開錄音機，是古老的英國航海歌曲「暴力小子快划船」。點燃了煤油燈，帶你看一幅傑若尼莫裱了框的海報，告訴你他是我母親的曾祖父，而她有部分印地安血統，你不知道吧。

你說，我以為她是猶太人。

猶太人還好，可是猶太裔印地安人，那可罕見啦。我爸大笑起來。

老師們陸續進來，門半開著，每個人都移向客廳，散坐在沙發、椅子、地板上，喝著蘭姆酒。這些老師年紀約莫二十幾歲或三十出頭，很愛笑，講話聲音也很大。語調和手勢都充滿表情，拿不準什麼時候就會有人動怒或是掉淚。他們坐在別人腿上，談著他們的學生、自己的童年，談到自己或別人時，都坦白地驚人。

在上層我們睡覺的閣樓裡，我們這些小孩爬上衣櫃，把自己吊在橫樑上。下方，橘子色調的日落風景海報寫著：「每個早晨都是一個新的開始」；在書架上，有我所鍾愛的平裝本傳記——艾米莉雅．爾哈特（Amelia Earhart，二〇年代的傳奇人物，是第一位飛越大西洋的美國女性飛行家），神秘失蹤的故事；海倫．凱勒，活在黑暗風暴裡的童年；蘇珊．安東尼，說過「沒有失敗這種事」。地板上，是一堆糾結在一起的裸身芭比娃娃。我們跳下去，掉在被拖出來放在橫樑下方的床墊上。

我媽和你談著學校的種種。一些熟悉的名詞在我們玩的時候飄上來，在頭上略作逗留，像是：問題青少年、少年犯、學習障礙、法院命令、殘障、海洛因、大麻、皮下注射器、淋病、避孕丸、藥劑過量、管訓學校、過度治療、妄想症。

我媽解釋，當初山谷學校剛開張時，學生們多數都被診斷成有精神分裂症，而現在我們主要是照顧法院推介來的心理失常的青少年，她舉了幾個成功的例子。法蘭琪，看到那個黑頭髮的義大利小女孩了嗎？她難以捉摸，但她愛上了農場，她甚至會在畜欄裡挨著乳牛睡上一晚呢。安，偶而還是會吐痰或用手抓人，可是她對年幼的小孩倒滿好的，能擔任小保母呢。

我爸播放著「一八一二年序曲」，倒了更多蘭姆酒，開始用他豐潤而動人的聲音背誦莎士比亞，沒人注意到開水沸滾都溢出水壺了。我們把一個玩具乒乓伸到水壺下面，看著它嘶嘶作響地斷裂，它的臉融化了。

郊狼在屋外嗥叫，蛾子撞著玻璃窗，我們小孩子用烤羊肉串的竹籤玩著鬥劍。

我爸改放披頭四的歌，在你身旁坐下來，他問，人人都能做自己想做的事。你覺得這樣的地方如何？唯一的規則是不准有人受到傷害。那會是怎樣的地方呢？

大家熱列討論。這裡的教育是革命性的，不刻意區分誰是老師，誰是學生。

這是一個社區，讓學生不受愚蠢的世俗污染，大家同心協力，他們在這裡不必擔心流露真情。

山谷像一只兩端都繫緊的袋子。

我們的目標是擁有一個自給自足的社區。我們要先弄一個鋸木場，可能還有製陶廠，我們可以生產自己需要的所有食物。

我們的下一代將會一起長大，不受主流社會令人窒息的價值觀影響，他們就在這「小學校」（我們就這樣叫它）受教育，那是個蓋在山谷邊緣、只有一間教室的學校，他們上學也隨心所欲。

還有，我們對已經建立的秩序會再改變它，我們質疑每件事，不受核心家庭（譯註：只由一對夫婦和子女構成的家庭）的束縛。

學生與老師、工作與遊戲、一樁婚姻與另一樁婚姻之間的人工壁壘拆毀了。

人家教我們不要質疑一夫一妻制，因為這個問題讓他們害怕。

蘭姆酒灑到地毯上了，保羅．麥卡尼唱道「隨它去吧」，我爸熱忱地注視著你，似笑非笑，他是什麼意思？老鼠在頭頂的樑上爬著，談話快、接續不斷且尖銳。

一位老師和我爸同意發動新戰爭——愛爾蘭對英國。

老師說，或許這次我們可以公平交手。

先生，您到底什麼意思？

我的意思是，你老是管那些可愛的酗酒小子，而我們總是管那些精神分裂的傢伙，以及女人和孩子。

我爸說，恕我提醒你，唯一的規則是，大家都不准冒火。

我爸又再度看著你，在屋子的另外一頭叫「你覺得如何?別說廢話」。

大家都在看。

太沒章法啦，你說。他們仍舊盯著你。（你是懦夫?笨蛋?）你說，我決定留下來。

一片笑聲、掌聲響起。

我們這些小孩在東方地毯上睡著了。我仍然可以感覺到臉頰上有短鬚觸碰。我飄向夢鄉，環繞在我周圍的人、他們輕快的談話、他們未來的情人、他們對「失敗是不可能的」的篤定，讓我搖搖晃晃了。

第二章 封閉的小世界（1967-1968）

當底特律散放著罪惡的光芒，舊金山正綻放著愛的光芒，此刻亞迪隆達山中，是八月的尾巴了，這個夾在蚊蚋和初霜之間的短短月份，是夏季裡最騷亂的季節。朝陽能扼殺安女王花邊（譯註：胡蘿蔔屬的野草）和秋麒麟草；叢斑蝶為了蛻變和飛行，而大量吸取馬利筋（譯註：一種會分泌白色乳液的植物）；蜻蜓從微風中掠食蚊子；燕子吞下蜻蜓。一堆令人毛骨悚然的事。

而我呢，我忙著跟蹤蜜蜂，專門鑽小路，我的髮辮填塞在一頂彩虹顏色的蘇格蘭帽子裡，膀子下夾著廣口瓶。我故意要讓在正房前院採花粉的蜜蜂嚇一跳。我多半踩在涼而鬆的泥土上，有時候也會踩到橘色和黃色的萬壽菊，它們被踩斷的枝子散發著苦澀的氣味。

有個東西滑過我的腳踝，原來我腳邊有條蛇正在吞噬一隻青蛙，我臥倒在地，蛇的嘴張著，大得可笑——青蛙的腦袋完全露在外面，安靜不動，眼睛卻鼓得和蛇眼一般大。我撿起一根樹枝去捅牠，這小黃蛇就慢慢爬開了，青蛙還含在嘴裡。我想我可以開始收集蒲公英，做一些蒲公英酒，賣給學生，這樣我就有錢買我最喜歡的糖果「火球」。然後我想起蜜蜂的事。

我偷偷接近一隻正在一朵橘色萬壽菊上忙碌的蜜蜂，我可以看見牠正吸著花粉。牠開始向上飛，一邊發出「嗡嗡」的招牌歌聲，我把牠舀進我的瓶子裡，用手掌蓋住，蜜蜂從這一頭彈到另一頭，使玻璃發出嗡嗡的回音。

小路對面有一陣騷動，靠近鴨子和鵝的柵欄，我聽見爸的笑聲，我走過去，原來是狐狸幹了好事。連續幾個晚上，一隻狐狸殺死了一些鴨子，牠志不在吃，只是把鴨頭咬斷找樂子。而爸在穀倉和開著的柵欄門之間，正在高及大腿的白色羽毛堆旁擺姿勢照相，他的胸膛滑稽地挺著，來福槍直直地靠在身邊，身穿工作靴、牛仔褲、青綠色印地安釦帶、班富蘭克林式眼鏡、綁著緞帶的馬尾、藍色工作衫袖子捲起來，與他戴擊劍面罩、穿板球服裝或山地男人服裝時的樣子完全不同。（他從不穿T恤，也不在乎自己的手臂像大力水手——前臂比二頭肌還寬。）

我走得略近，但稍保持了一段距離，才發現那堆羽毛實際上是一堆斷了脖子的鴨子，而一隻死狐狸像塊橘色手帕覆蓋在上面。

就在我觀賞的時候，一隻鵝走出柵欄，蹒跚地朝我而來，脖子伸得長長的像蛇一樣。

牠吐著氣，準備要咬我了。我低頭對牠說，你敢咬我，我爸會把你放到燉鍋裡當晚餐。這隻鵝無動於衷；牠準備打架。爸對牠大吼，拿起一根樹枝向牠丟過去，樹枝擦過牠灰色的身子；牠呱呱大叫轉身溜了。看吧，早就警告過你。我說。

我走向正房去找媽，給她看我捉的蜜蜂，向她炫耀我如何用手蓋住玻璃瓶，不怕被蜜蜂螫。我走進了客廳。

有人把我的娃娃屋弄得一團亂。我放下瓶子，蜜蜂飛掉了，飛向玻璃窗，誤以為可以獲得自由。我所有的迷你家具都亂七八糟了，小馬桶放在床上，娃娃的爸、媽光著身體呈69姿勢，放在小廚房桌上，寶寶被擺在壁爐裡。我發現小女孩被白絲帶纏繞成木乃伊的樣子，令我滿腔怒火，我知道這是誰的傑作。我撞開紗門，向大鐘走去。

大鐘坐落於山谷中央，氣勢莊嚴，掛在我爸蓋的三十英尺高、三層式的塔樓頂端，我從未拉過繩子，四下張望，心裡有點害怕，我小心翼翼地拉，可是沒有聲音，然後我想到那個廢墟，於是我用盡全身力氣，那老鐘開始叮噹響，我認識的每一個人都出現了，大家走進正房的會議室，我按捺著怒氣跟進去。

他們在門口脫了鞋，每個人的襪子都配不成對。會議室是個階梯式劇場型的地方，牆到天花板都鋪著綠色地毯。你一定會注意到這群人的怪異——有人戴著歪的黑塑膠鏡片眼鏡，有人穿過緊的T恤，有人臉因青春痘而浮腫，還有人缺了牙。有人聲音低沉得像機器人，有人瀕臨歇斯底里。但我見怪不怪，我知道人有兩種，其中一種天生故障，這便是他們在這裡的原因——等著被修復。

法蘭琪歪歪倒倒地進來，全身充滿牛糞味。老師們已改用她的全名法蘭西絲卡稱呼她，希望能將她的女性特質誘導出來，他們做洋裝給她穿，把她髒髒的褐髮用髮夾別到腦後，可是她仍舊喜歡與施肥機為伍，她愛上那機器。她還和乾草叉睡覺。

有人開始對她的氣味誇張地倒抽一口氣。一位老師溫和地叫她去洗乾淨，並把她帶出去了。

我坐在媽的身旁，而她把我的小妹妹托在膝蓋上。貝琪是個軟軟的小不點，有著稀疏的金髮，可是她已經握有某種權力了。爸叫她蘭貝佳，她有他的英國腔。藍色是爸最愛的顏色，而妹妹是爸的最愛。她擁有他的愛，還有，當我逗她玩的時候，她會變成一隻撒野的小狗，又咬又抓，我就會大叫著奔向媽媽。而且貝琪是個小天才，她才兩歲，已經有明顯的英國口音，她會說「眼淚就是悲哀的小水滴」那種話。

媽倒沒有對誰偏心，她讓每個人相安無事，可是我是她的長女，她喜歡談天，而我是個談話的好對象，比妹妹要好些，貝琪充其量只是發出聲音而已，然後就玩自已的頭髮，再過會兒就睡著了。而我的表現總是非常恰當。

現在媽站起來了，她把妹妹背在背上，平靜地問，是誰召集這個會議？有什麼事？

我也站起來，兩手抱在胸前。我說，是我要開會的。有人搗爛了我的娃娃屋。

全場一片狂笑和興奮。兩個學生此起彼落地拍手。

我知道是誰幹的，我說。

全場屏氣凝神，一片安靜。我不知道爸會不會動怒，如果會的話，犯人要付的代價就大了。我記得有次一個叫美蒂的學生，因為我把她收集的芭比娃娃弄得一團糟，她把我一路追下樓梯，爸揍了她，我知道別人也記得這件事。

是比利幹的，我瞪著他。

比利緊張兮兮地笑，沒話說。比利的黑髮垂到眼睛上，他的手腳總是動來動去，愛做些愚蠢的陷阱，例如在門口放繩子做的蜘蛛網，以為能絆倒你，而我愛炫耀我有辦法通過這些陷阱，我可以跨過去或站在中間，他對我沒辦法。他就只能虛偽地笑說「笨蛋陷阱」，好像他深愛這個詞，然後繼續用他的白繩子做圈圈。

有一次，我們正在吃晚飯，比利癲癇症發作了，大家都圍在旁邊看，等我也擠過去時，發作已經結束，比利昏過去，他的黑髮貼在流汗的臉龐上，頭靠在某個人的臂膀上。

我想問他發抖的時候他正要去哪，我可能有問，但我不記得答案是什麼。

告訴我們，媽說，比利，你有沒有玩她的娃娃屋？

他胡搞瞎搞，我插嘴，他必須道歉，他必須跪下來求我原諒。我看看爸，但他正忙著和別人耳語。

我媽說，比利，美嘉好像很不高興，她希望你道歉。

比利咧咧嘴，說，饒了我，陛下。

大家都在笑。謝謝你，比利，媽說。她拍拍我的肩膀。

這樣不夠！我說，他一定要下跪。

雪倫，比利的女朋友緊張地自告奮勇要幫比利修理娃娃屋。雪倫的口頭禪是「和和氣氣的嘛」。有時比利逮到擴音器，會向全村廣播「雪倫是個性感女孩」。

我搖搖頭，我不想和和氣氣的。

乖寶，我媽開始理性勸說，但爸插了進來。最後，我用想像的，爸強迫每個人都下跪。爸曾經想把我的名字叫做波蒂莎，源自於他最喜歡的異教徒戰鬥之後的名字，她曾領導喀爾特人對抗羅馬人，然後當她發現自己被打敗以後，她喊出惡毒的咒語並自殺。雖然媽不肯用這名字叫我，但波蒂莎仍然是我的中間名字，眾兵丁都應向我屈膝行禮。

但老爸竟說，比利，你要不要參加皇家海軍。

什麼？

比利放肆大笑。

我爸要當海軍上將；比利可以當水手，三等兵。

爸從他坐的那級階梯上跳起來，走到儲藏間，推出兩個紙箱，箱子上的寄件人地址寫著紐約某服裝公司，當我爸拔出刀，把箱子拆開，將有銅釦的藍色毛料上裝、白短褲、黑色尖頭鞋丟出來時，大家都鴉雀無聲。

媽說話了，親愛的，我們沒有船啊……

老爸又揭示了另一件讓人意外的事，他買下了兩艘二十英尺長的救生艇，把它們漆成紅、黃相間，並配備了大砲和帆船——都已停靠在仙普蘭湖的港灣裡啦。他承認了這檔子事。

比利，你要不要加入？

比利緩緩地點點頭。好的。

男孩子們站起來，我爸開始幫他們穿上制服，扣上釦子。他拒絕了雪倫，抱歉，長久以來，皇家海軍的傳統就是不准女人參加。

所有男孩都打扮妥當，女生只有觀賞的份，我在一旁看著。

前進！夥伴們！我爸說。

爸，我嗚咽著，那我呢？

他拿出兩件迷你上裝。你和妹妹當駐守衛兵。他宣稱他有相配的迷你帆船，會放在牧場上。是專門給我們的。

而我媽，她正在考慮——我很驕傲地告訴你她的智商異於常人，所以她的想法既多且快——錢從哪裡來，要多少錢，淹死了怎麼辦，可是令人意外的是，她的樣子，說出我們有多麼主動、可愛，她的崇高之處，在於她不想當那種說「可是……」的人。

媽對爸微笑，好啦，祝你們開心。

一位老師問說，那讀書會怎麼辦？我們讀書會進行了一半。

別煩心，我媽答道，你們可以明天開讀書會，這裡的風格就是如此。

爸把我們全體水手都帶出門去了。

當然，我不是真的能去，我還太小，又是女孩（蘭貝佳如果被核准的話，她鐵定會去的），有一百萬個充分的理由，讓我不能和十個穿水手服的精神分裂青春期男孩去登一艘漏水的救生艇，他們全都喝了蘭姆酒有點醉。我有沒有說過，連我爸在內，根本沒人懂如何開船？

可是去吧，不用怕，真好玩呢，有教育意義，像這樣，我爸認為仙普蘭湖對皇家海軍來說太溫馴了，你要把救生艇栓上旅行車和小貨車，載到緬因州去。你要開十二小時，於午夜抵達派諾司喀灣（Penobscot Bay），你將取出睡袋，要不就包裹著毛毯，睡在碼頭上，或是蜷在汽車座位裡，或是小貨車後面。到了早晨，我爸會下令，吃一頓傳統皇家海軍早餐——洋蔥三明治配蘭姆酒。

海灣灰茫茫的，有點風浪，上船吧，手抓好槳，上將要讓大家都玩得開心。划到海灣中央，划上幾個鐘頭，手掌都起水泡了。我爸自己不划，他掌管蘭姆酒，並帶動唱，「暴力小子快划船」，現在幾乎看不見海岸了，海潮往一邊推動，而風往另一邊吹送，船傾斜了，上將不會游泳，可是他在將官制服裡面，穿了從頭包到腳的橘色救生衣。

你的泳技如何？海灣在每年的這個時候都很冷，但你現在下不了船，只能暢飲蘭姆酒，繼續划，如果你必須尿尿，或棄船，請隨意。划啊，唱啊，要專心，小夥子，大聲唱，「約翰和瑪麗去牛奶場，約翰拿出他的大金絲雀，划啊，划啊，喬伊」。

在這同時，農場上的狀況又如何？

我身穿有銅釦的真正海軍毛料上裝，划著有真正的舵和帆的兒童尺寸紅黃二色的船，划過青青草地，我唱著，「瑪麗說，這回逮到大魚，現在撒網，好好幹一場，划啊，划啊，喬伊」。

我也像爸一樣，對媽有種接近瘋狂的愛。你應該看她留著黑色長髮、微笑時露出兩排牙齒的樣子，她身穿鮮紅有灰綠點子的迷你裙，咖啡色皮涼鞋，還有個皮環套在腳的大拇指上，她兩腳的大拇指總是微微向上，呈現緊張的姿態，而那個小皮圈把它們拴住。

媽是我的守護神，我每次要某人說實話的時候，就會說，「你敢向我媽發誓嗎？」如果爸是激情之神、歡笑與誘惑之神、謊言之神，那媽就是創作家、專司熱烈擁抱的女神、救濟的給予者，是披荊斬棘的開路者。

爸不在而媽當家時，那便天下太平了。女生學習閱讀，組織治療小組，早會時，她們會健行到小瀑布，在那邊野餐，還有睡衣派對。

對我們這些留在家的人，她會預備一點小驚喜。她叫我們去林子裡找東西，我不知道我們要找什麼，可是當我從樹叢擠過去時，我的心停住了，在一片空地上，陽光灑在一棵大樹上，樹枝上掛滿棒棒糖和泡泡糖。

一個學生找到了這棵樹，她學鴿子咕咕叫，開始摘糖果。每個人都爬上樹，笑著吃糖，但好一會兒我只是站在那兒，對媽的精心傑作驚愕不已。

爸從緬因州的冒險凱旋歸來，反正他也該回來了。最後那晚，除了老爸，每個人都已步履不穩或搖頭晃腦、曬到脫皮、起水泡、宿醉，而他到哪去，卻似乎沒人想知道。不用擔心，爸每次都會帶禮物（你也不必擔心錢的來源，學費會一直進來，媽會想辦法付賬單）。他曾經給山谷裡每個人帶水槍，給我們古董拼布床罩、三輪車和娃娃，還有一窩浣熊寶寶，有扇狀尾巴的漂亮鴿子，一隊做工用的馬匹。有次他帶給我一隻山羊寶寶，全身棕色而口鼻部分是白色的，我給牠起名叫「羊齒植物」，有時我會餵牠吃東西。還有一次是黑白相間的小馬，我叫牠「胡椒」。我在畜欄裡靜靜地一圈又一圈騎著牠，我身穿紅色牛仔襯衫和有穗狀裝飾的背心，頭戴爸從邊疆小鎮買來的德州牧童帽。

爸給媽的禮物，會是緊身迷幻式長裙，還有剛好蓋住臀部的迷你裙，古董項鍊和綠松玉耳環。

你會有份禮物的，等就是了，不過我們家人並非有耐性的人。這一夜，媽獨自一人，睡不好覺，他到底在哪裡？出車禍了嗎？

天亮時，她被我爸叫「早安」的聲音吵醒，她才睜開眼就感覺臂腕中有節瘤凹凸的腿，原來是爸把一隻瘦長有斑點的小鹿放到她懷中。小鹿在床上亂爬，轉動著栗色的眼睛，顆粒狀的糞便掉出來，牠那奇蹟般的小硬蹄子拍打著媽，以致她想不起來要問什麼事了。

老爸把小鹿放在穀倉的馬具房裡。那是一個酷寒的十月早晨，而他又剛結束探險，於是我們休了一天假，妹妹、爸爸和我排排坐在辦公室的沙發上，預備理髮。爸喜歡把頭髮編成辮子，但我再也不想刷頭髮或梳頭髮，我把頭髮藏在我的羊毛法式帽裡。媽說，你的頭髮都可以煎蛋啦，那麼油，要不然就糾結得像個鳥巢。可是她還是隨我去。妹妹的頭髮也漸漸開始糾結不清了，耳朵旁出現了一個和真的鳥巢一般大的髮團，所以這邊的頭髮竟比另一邊短了八吋。

頭髮是從頭腦流瀉出來最直接的東西，既溫暖又自由，學生們有的用髮簪將頭髮梳成圓篷篷的；直髮的人都留得長長的；男孩子或男士們會炫耀下巴上的小山羊鬍或略呈灰色的落腮鬍。而要不要刮腋毛或腿毛，更是悉聽尊便。「熊貓」的黑長毛總是打結。連我們的牛也穿著一團亂的長毛外套呢。

我幻想在一個寒冷的秋夜，我們全都睡在床上，狗在桌下打鼾，牛在棚裡咕嚕，我們的頭髮開始生長，悄悄地滑過枕頭，順著地板，伸出窗外到了凍結的田野裡，將金屬的陰毛和橘色的牛毛編織在一起，小孩玉米鬚般的髮絲、狗毛加上男人濃密的鬍子，一張由毛髮所編成的被子覆蓋了整個山谷。

這天早上，媽用手指依次為每個人輕輕順著那些打結不太嚴重的髮絲，然後她想穿衣打扮。但我們騷擾她，彈她的胸罩，又掐她的臀部。我們總是不厭其煩地和她玩——她蒼白的胸部、會安慰人的、紅紅的雙手，她完美無缺。

別搞啦，她溫和地說，她從不發脾氣。她編完了自己的頭髮，然後我們就去作「樹葉窺視」。

我們喜歡這個屬於秋天的遊戲，爸有他自己的觀察方法，他一面將下巴伸向一棵潮濕、咖啡色的樹，一面說，太華麗了，結果當我們車子穿過鮮橘色的楓樹走廊時，他要退避，結果好慘。

我瞇起眼睛，想讓自己變成色盲。

等到我們厭倦了這種窺視，我們三個人就連哄帶騙地要媽唱歌舞劇裡的歌。她小時候曾隨外公去看音樂劇，在前往布魯克林的車上，他們會連續唱那些插曲，不在意媽根本不會唱。但那還算比較溫和的。

在我們的吉普車裡，媽隨著第一個降半音，用鼻音哼著她會的僅有的幾首歌——「老人河」、或「奧克拉荷馬！每晚我親愛的藍姆與我……」。我們歇斯底里地笑鬧尖叫，互相倒成一團。

我們的生活經常都充滿樂趣，有時媽都把爸爸給忘了。有一次又是如此。幾小時前，爸開兩英里的路去取郵件，那是十一月初的某天半夜，媽坐在廚房上方辦公室的沙發裡，想著，出事了。

我有沒有提過我媽工作多辛苦？是全天候的。那時木屋還沒建，她甚至睡在學校的辦公室裡，而我們也都一樣。她一直工作到病倒才能休息。爸不在家讓她覺得精疲力竭，好像流行性感冒就要來了。她身體中的一部份要求她睡覺，但她一直揮不去意外的陰影。她瞪著蟲子爬過窗戶，想找縫鑽進屋裡。她坐著的地方白天是一張沙發椅，晚上就是她和爸的床。現在貝琪和我開心地共享這張沙發床，兩人合蓋一條印地安印花床罩，對面是檔案櫃和混亂的桌子。在這閣樓的斜屋頂上有扇小窗，但現在看出去一片漆黑。

媽躡手躡腳地走下窄小的後梯，走出公社廚房的門，夜晚很靜，空氣很冷，媽兩手交叉抱在胸前，感覺自己快流鼻水了。我們的紐芬蘭狗「熊貓」腳步沉重地跟在她旁邊，她快速走到車道上，穿過一排蔭庇著房子免於塵土的雲杉，腦子裡想著，如果女兒們醒來發現身邊沒人怎麼辦？然後媽看見我們家的車停靠在穀倉旁。他人已經到家了嘛，只是不知他在何處。

蝙蝠在乾草間飛進飛出，她想他八成整晚和本地古董商打交道，買了他們負擔不起的東西。他在收集古董武器，已擁有一些燧發來福槍、十字弓、兩架大砲、及一支喇叭槍。說不定這次他會買來驢子和鴕鳥，天曉得！

她走向車子，看到髒兮兮的玻璃後面有人在動，爸和一個僱來幫忙炊事的本地女孩從後座鑽出來，爸拍拍女孩的背，而女孩看著地面，很不快樂，爸向媽解釋，他們剛才有一番長談，她的男友找她麻煩，爸答應她周末可以待在我們這裡。

真的，她看上去很苦惱。媽說她可以住下來，睡會議室。他走進正房，媽做了培根蛋讓大家吃，然後打電話給那女孩的父母，讓他們放心。

大概是這個時候，媽開始有偏頭痛的毛病，曾導致她暫時失明。

現在冬季來了，在亞迪隆達山中，從十月第一場雪，直到次年五月的最後一次降霜，

都是在過冬。十一月裡，松和雲杉因重重的積雪而垂著頭。到了十二月，

地上的雪已高到超過我們的頭了。每當我們離開正房時需走過六尺高的雪牆。在記憶中，冬天總是耀眼的銀白，夾著一系列令人驚訝的彩色。紅色、藍色的羽毛外套，黃色的狗尿，紅雀飛過帶來短暫的驚艷，濕羊毛擱在暖爐上烘烤所散發的氣味，發霉的味道，蒸食物的味道，人、牛、堆肥所蒸騰出來的氣味。

傍晚，屋外的積雪不斷崩塌，我們聚在正房的客廳裡，窗戶上了U形塑膠釘，夾在爐子上方晾衣繩上的圍巾手套上的雪，被暖爐融化了。媽在做文書工作，爸在玩撲克牌，他發牌的時候我蹲在桌子下面，他的軟呢帽輕鬆地摺在頭上，他用一邊嘴角吸著雪茄，另一邊以用約翰．韋恩的口音吐出笑話。我看見牌滑落到地板上，他用腳踩著，我並不驚訝，爸好像有用不完的精力，雖然，對他對贏牌沒什麼興趣。他將牌丟在桌上，將椅子向後退，熄掉雪茄，說我們去看電影吧。這時暴風雪才停了一小時。

於是每個人都裹粽子似的套上濕的有指或連指手套和厚重的冬季靴子。媽把貝琪和我留在家讓別人照顧，小貨車裝滿人便出發了。

五個鐘頭之後他們回來了。門幾乎是爆裂開的，一陣雪和冷風被掃進屋內，一群人看上去頭昏眼花的，彼此碰撞在一起。剛看的「鐵窗喋血」（Cool Hand Luke）已令他們錯過

晚飯。媽說她餓得可以吃下一磅義大利麵。爸借用電影裡保羅・紐曼吃蛋比賽的精神，很快便將媽的飢餓變成一場賭博。他用一只金屬的調理盆裝麵，大家蜂擁過來看我媽如何吞麵，媽是個不願節食、也不在意甜點的人，體重永遠都是一百二十三磅。

媽平靜地坐在麵盆前，毫無懼色，好像她面前的食物微不足道。妹妹和我在人們的臂和肘之間推來推去，想要找個最佳位置，可是我們被那些十幾歲的人擠到外圍。最後我弄到一個位子是在媽的鼻子下方。我看著叉子舉起，第一口義大利麵完美地捲進她嘴裡。然後又是完美的一口，然後一口吃得稍慢，再吃一口……，她吃飽了。

不玩啦。我隨著群眾的喧嘩也大笑了，微微有一丁點失望，但安心的是這世界還是平靜安穩的，它不變的定律依然原封不動。

冬天其餘的日子就略過不談了，期間沒什麼大事，直接進入春天——改變的季節。我喜歡美好的意外，像意外的禮物，是件好事，但我並不那麼喜歡改變。我喜歡那些隱藏的世界，像書裡的故事、娃娃屋、紙箱做的堡壘、紙鎮裡的小天地、萬花筒、我音樂盒裡的芭蕾舞小人、我們睡覺的閣樓辦公室。

但有改變才有故事，現在，我們就有事了。爸在正房後邊的山頂上為我們建一座原木造的木屋。他僱用一家本地的造船商，名叫柏拉德（Blood and Sons）公司，聽起來有點不祥，船翻了，而有了這名字——柏拉德（血）。

到處都是推土機、起重機、巨形的原木、成堆的石板、沙子，樹木呈各種奇怪的角度傾倒，整個工程猶如怪獸。爸問我想不想要有自己的房間，我腦海裡出現一扇門砰地關上。當然不要。

為了逃避刺耳、規律的噪音和塵土，我來到小溪邊。現在是六月，有些學生暑假不住學校，而蚊蚋卻回來了，白喉帶巫鵐也回來了。我從一塊岩石跳到另一塊岩石，一直跳到水已上漲的小溪中。我跟著溪水蜿蜒進入林子，找到一塊頂端平坦的大石頭，坐在上面，置身溪水中央。我喜歡水流發出的咕嚕聲，長出新葉、嫩綠的樹木環繞著我，我看不見也聽不見任何人跡，我好像已經不是自己了，我像童話故事裡神秘而孤獨的小孩。

遠遠傳來會議鐘響了，媽在叫我，用她平常叫我的聲音，把我名字的尾音拖得長長的好像在嘆氣那樣。不知怎的我記得她說過的一個關於普西芬妮（譯註：希臘神話冥王之后）的故事——她獨自離開母親，被抓進了地獄。我瘋也似地跑回家，彷彿冥王的手捉住了我的腳踝。我不從下游攀原路回去，而踩過溪水，撥開雜亂的樹叢，驚訝自己離文明這麼近，他們根本近在咫尺，正亂中有序地聚集到正房去。

是誰要開會的？為什麼事？

爸站了起來，一腳踏在最矮的那張綠色凳子上。他拿著他的皮帶，一直拍打著自己抬起的膝蓋。

他說，比利死了。

沒有人出聲。我朝雪倫看，她的眼睛腫腫的，媽握著她的手。她已經知道了。

他們認為起因是他和家人渡假游泳時癲癇發作。

我看著他的膝蓋一直被皮帶抽著，皮帶發出啪啪的響聲。

他是在一個貯水池裡，爸說，他們把水放光了才找到他。

我奇怪爸的膝蓋不痛嗎？

他父母要把他葬在這裡，這裡是他有生以來首次覺得快樂，而且有安全感的地方。

我把目光往上移到爸的臉，我發現他在哭。

稍後，我看著爸把比利的名字刻在石頭上，雕刻的工作花了一整天，用榔頭敲一支鑿子，敲了又敲，鑿子的聲音被更大的營建工程聲淹沒了。我忌妒比利可以讓爸掉淚，讓他花好幾個鐘頭把名字刻到一個石塊上。（我敢說他也會為蘭貝佳作這種事。）不過我可不想癲癇發作或化成灰燼，爸往上看時緊咬著牙，我嚇得半死，投入媽懷裡。

到了夏末，木屋終於蓋好了。爸和媽領我們到山上去看。樓下是廚房、餐廳、客廳和父母的臥房，樓上是我們睡覺的夾層閣樓，爸沒有做欄杆，而是用打了結的繩索從天花板垂掛到樓梯上，像船上裝的繩索一般。妹妹和我都想當第一個上樓的人，我倆互相推擠，給她捷足先登了，我們開始又摑又掐，她全力使出野獸的那一套。媽！我大叫。媽不耐煩地對樓上叫，你可以懲罰她。

我要試一試。我衝向她，用頭撞她的肚子，將她翻倒在地板上，然後一屁股坐在她胸前，釘住她兩臂，讓她的嘴都冒出泡沫了，這是我第一次置她於我的掌控之中。最後當我放她站起來時，她無力地冒著火，一路尖叫著奔下樓去。

我可以聽見她在告我的狀。

我害怕爸會來治我，因為我傷害了他的心肝。於是我先發制人，向樓下大叫，我要自己的房間。

爸很惱火，因為柏拉德公司的工程都完成了。他抓起榔頭和鋸子；他又錘又鋸，氣呼呼地搞了兩個鐘頭，我閃開在一邊。他弄完之後，妹妹和我的床之間就有了一道牆，雖然只是一個五尺高的木板隔間。

做這些工倒讓爸的怒氣緩和了下來，吃完晚飯，他喝蘭姆酒，和我們說他小時候的故事，我爸總有一肚子的故事，特別是關於他在英國的童年。

這一晚，他講了他犯了大錯的事。他告訴老師他的夢想和願景，他覺得那些和他的日常生活同樣真實。他們要把他送去看醫生，但祖母不信有那麼嚴重。他們試圖把那些想法從他腦子裡除掉，他撒了個謊，然後再也不提了。他們把他送進X班，那是英國的編班制，從A、B、C……，他在X班待了三年。

X班好得很，爸說。那班有八個人，所有其他班都有二、三十個男孩子，在英國十一歲是男女分班的，以免他們對異性產生興趣，這表示你得和其他男孩要好，或是密通女子學校。爸在X班的黨羽兩者都幹了。

他們上半天課，另外半天會做園藝，擦地板，或做其它對羅馬人有用的事，像給老師泡茶啦。有一天，爸的死黨普勒在茶裡面尿尿，看笨羅馬人會不會發現。結果他們沒發現，所以他們就輪流幹這檔事，直到輪到魏利。魏利有點吉普賽血統，尿味十分難聞，老師們開始檢查學校的飲水系統，由於快要穿幫了，所以他們就此打住。爸知道老師覺得他是笨蛋，但老師們沒想到自己在X班男生的心目中也不怎麼高明。

X班的老師詹姆士先生還算正常。他是一位合格的殘障人士，因此沒當過兵，他喜歡這一班，由於學生都瘋瘋癲癲，被獲准可以在課堂上笑鬧。別班的學生必須排排坐，手臂要疊好擱在桌上，不論到哪裡都要齊步走成兩排。就像你知道誰會那種樣子，羅馬人。

X班是真的一個族的人，他們全都是喀爾特人（譯註：古西歐人中的一支，西元前四世紀時曾侵入希臘羅馬的地盤，而後與羅馬人的勢力一直互相消長。自中世紀至今日，喀爾特語言文化在法國西部、威爾斯、蘇格蘭和愛爾蘭留下深刻影響）他們會一再要求詹姆士先生講族群的故事和神話，波蒂莎就是他們的女神，他們在樹林裡為她造了一個神龕，他們從不敬拜上帝，他是男性，對於年輕男孩來說，幫派的守護神應都是女性，他們會把自己塗成藍色，藍色是他們的顏色，他們總是穿藍色衣服，藍色領帶、藍色襪子、藍色襯衫，全都是藍的。瘋夏蒙總是從墨水池（譯註：指嵌在桌上盛墨水的凹洞）喝墨水，他認為這樣能讓他的膚色永久性變成藍色，可是沒有變。這讓我爸很意外。

有一次，身為退休軍官的校長來X班，對他們學了不少歷史頗為滿意，他說了一個故事，說古羅馬軍隊有多偉大，他們將法律和秩序帶給英國人，學生都不相信，他們一語不發地坐著，他一定是認為他們聽得入迷，因為他繼續把羅馬人的成就講了好幾個鐘頭，最後，他說，孩子們，你們表現得太好了，你們很快就會脫離這班，轉進正常班級啦。

就這樣，這些學生到田邊開了一個緊急會議。

我們必須化明為暗，愛爾蘭男孩卡西迪說，就像愛爾蘭共和軍那樣。

不對，不對，普勒說，他們只是一群劊子手。

他們彼此看了看。

為什麼我們不能就更像自己一點？瘋夏蒙說。

這就對啦！他們都用一種新的欽佩的眼光看著夏蒙。他救了一幫子人。後來，他們卻失去了他。

工藝老師愛對每個人虛張聲勢，有一天他怒打夏蒙的頭，夏蒙還了手，其他老師跑進來，把夏蒙拖到校長室，直到次日早晨全校聚集在會堂，進行每天例行的唱校歌、聖詩和羅馬聖歌時，X班的人才看到他。他們喜歡的是布雷斯克的作品，像「古早時祂的足跡」，除了上帝的那一段，大部分歌詞都是民族風味的。聖歌唱完後是一些宣布事項，然後是懲戒，從唸你的名字，到把你在全校面叫出來，任何懲戒形式都有可能。

兩名老師把夏蒙押了進來，台上已經放了一張凳子，他面對著全校聽他的罪行被宣讀。X班的男孩子都在最前排，他看著他們，爸還記得他驚恐眼神中的痛楚，接著，讓人完全意想不到的，夏蒙對著他心愛的伙伴們眨眼，這個動作所傳遞的信息，代表著一個真正異教徒戰士的勇敢。接下來他們把他拖到凳子上，脫了他的褲子，用藤條狠狠抽了十二下，每一鞭是為一位可惡的使徒（譯註：指新約聖經中的十二門徒），打完他忍不住啜泣了。

每抽一下，爸就覺得一陣抽緊，普勒眼淚掛在兩頰，讓爸哽咽不已。

後來，爸年紀稍長，他看了一部叫「長跑選手的寂寞」（The Loneliness of the Long Distance Runner），整部片子他從頭哭到尾，他為夏蒙和他勇敢的眨眼而哭。夏蒙被打後他們再也沒有看到過他，只聽說他被送到一個專門訓練男孩的船上的學校。爸想像著他在一艘羅馬大平底船上被鏈條捆在櫓上。

爸說了這麼長的一段故事之後，猛灌蘭姆酒，大笑著用手揩揩嘴。

現在該睡覺啦。媽把我們放到地板的新床墊上。她下樓以後，我拽了枕頭到貝琪的房間，爬上床睡在她旁邊。

我躺著，瞪著新的天花板，聽我妹妹發出的吸奶聲（她對餵奶難以忘懷），腦子想著所有我記得的故事。媽就記不得她的童年，她似乎是發育好了來到這個星球，已經年屆約會年齡，不過她讀過蘿拉．英格絲．懷爾德（譯註：美國作家，以自己的童年生活寫出九本小木屋系列小說）和亞伯拉罕．林肯給我聽，他們也都是住原木屋長大的。對於童年的我而言，爸才是個伴。

及至戰事爆發，爺爺說戰爭就像兩個人在生彼此的氣，那是爸唯一記得爺爺對他說過的話。

打仗期間，爸一直處在撤退的情況，但他惹了些麻煩而回家，房子的正面已被炸彈損毀，他們用一片長長的帆布垂掛下來遮著，屋裡很暗，家人都忙於應付戰時的生活。爺爺參加家庭警衛，祖母開救護車；她曾在廚房的桌子上幫人墮胎，因那時好些女孩和美國軍人攪和在一起。祖母把胚胎丟到爐子裡燒掉。她也用過裹屍布去縫製爸的衣服。爸的姐姐們曾和美國大兵約會，有時她們會把男友帶回家，在帆布籠罩的黑暗房間裡發生親密關係，而爸在床上假裝睡著。

爸有時肚子餓時不想吃麵包塗奶油，他詭計多端，經常推著嬰兒車去偷木炭，嬰兒車看上去一派天真無邪，跟獨輪手推車一樣好用，有一晚，他溜進鄰居後院，用手感覺花朵的位置，手掌從花瓣小心地向下摸索，以免把花弄壞，然後他把花拔了起來，匆忙中，多數花都連根拔起，蜀葵、羽扇豆、指頂花。他想摘玫瑰，可是被刺傷了手指，他帶著已經摘下來的花逃走，花因為莖太長都彎了，多鬚的根噴散著泥土，他回到家，用鞘刀把根切掉，那把刀是一個美國兵給的，因為爸告訴美國兵我爺爺死在德國佬手裡。第二天一早，爸把那些花拿到火車站去賣，然後用賣花的錢買了鯨魚肉，並用那把刀切鯨魚肉。

我漸漸進入夢鄉時，想像著鯨魚肉，有果凍的口感，以及雞爪的美味。又想著瘋夏蒙嘴上的墨水，又酸又藍……當我醒來時，聽見有敲打的聲音，起初我以為又是爸在築牆。

不過很快我就明白那是一隻從煙囪飛進來的啄木鳥，現在正在床上方的橫樑上幹活呢，我用手掩護著頭衝下樓跑到父母的床上，跳到媽的身旁。爸咒罵著走出去，給槍膛裝上子彈，結果第三發射中了啄木鳥，我聽到子彈擊中地板的砰聲。我很高興鳥死了，可是我知道明天晚上我們可能必須吃下一道瘦排骨燉菜。

翌日早晨，爸在拔啄木鳥毛，媽在土司烤焦時還在講電話，妹妹小心翼翼地避免和我接觸，我從還沒撕掉廠商標籤的前窗望出去，我們所在的山丘可以俯視整個山谷，羅馬人永遠別想攻到這兒來。

一九六八年的秋天，馬丁·路德·金恩被暗殺了，然後羅伯·甘迺迪在旅館的廚房裡被射殺。爸把他收集的槍枝搭成一個難度頗高的火葬用柴堆，潑上汽油，把所有東西都燒了。

我快五歲了，媽說我該去上學，而爸說如果我不想去的話就不用去。媽說，試試看嘛。

灰暗的清晨，媽和我在穀倉旁一起等，雞群在自己的小社團裡爭論不休。一輛巴士穿過晨霧滾滾而來，它停下來，打開門，我爬了上去。車上除了司機，就只有我一個人，我在硬梆梆的綠椅中選了一個座位，巴士轉出我們的車道，開回爛泥路，然後把最靠近我們的一名鄰居的十幾歲女孩載上車。

她是個年輕的女郎，我忌妒。媽和我曾經去造訪過她一次，我被准許跨過田野，檢視她小時候的玩具室。那個不凡的屋子裡有油布地面，合成樹脂桌面，格子棉布窗帘，它的完美讓我敬畏，我靜默地坐在小桌旁。

媽曾請她在車上坐到我旁邊，她照辦了，好長一段時間，就只有我們倆，看著樹，後來出現較多房舍，她的朋友上來了，硬擠過來坐，她倆都有大女孩的屁股，擠得我貼著車皮，她們聊個不停，車子裝滿了小孩，吵雜尖叫。我望著窗外，我要保持沉默，就不會被打。

我的老師的名字是溫德太太，男孩子們都理平頭，穿條紋襯衫，女孩子們都穿格子呢連身裙和黑皮鞋。我在山谷學校讀書會的課本裡看過這種裝扮，可是我想不到真的有人會這樣穿。

要分辨誰是誰很難，桌子也全都是一個模樣。午睡時間，我把墊子鋪在老師的桌旁，在黝暗的屋內躺著，但沒有睡著。媽特地在紐柏瑞買的這張毯子，聞起來缺少我們家的氣味。上說話課時，一個女孩向大家展示一個會做出動物叫聲的玩具，有機械式的豬哼哼聲、雞呱呱聲，兩個小孩想把那玩具佔為己有，但老師說不要碰人家的東西。我們做了剪貼和著色。

第二天早晨，又要上學了，累死人了，我還以為只要去一次呢。爸說，你不一定要去。媽說，你得試試看，然後就把我送去搭巴士。同樣情形每天早晨都會重複一遍。

爸的車壓死了一隻嚙龜，於是帶回來煮湯。他給我看嚙龜的心臟還繼續跳動，像一顆噗噗跳著的灰色淚珠，待在切肉板上，尚未意識到自己已形單影隻了。爸把巨大的龜殼洗乾淨給我帶到說話課去獻寶，可是我太羞怯了，結果由老師幫我展示給全班看。龜殼外表布滿灰色和綠色的花紋，而反面像山脈般呈波浪狀，說話課完了以後，我那天一整天都牢牢的抓著龜殼。

老師要一個名叫費絲的女孩陪我到操場上去，她有一頭棕色鬈髮，缺門牙，我不記得有沒有和她談話，但她讓我感到很舒服，我想我們在操場上有牽著手。

一天下午在回家的巴士上，沒有那群十幾歲的女孩在我四周擠著，而兩個幼稚園男孩坐在我旁邊，他們問，你為什麼都不說話？

我直直看著前方。

講話，他們說。

我不要。於是他們打我。講話啊，他們用唱歌的方式說，還弄出一種韻律來——如果你講話，我們就不打你——其中一個說，但聽起來頗疲倦。

我很勇敢，像瘋夏蒙一樣，因為爸在看著。我哭了，但只有眼淚，沒有聲音。

幾天後，費絲沒來學校，我在剪貼課上了一半時開始哭，我抱著肚子，溫德太太以為我肚子痛，她要一個女孩陪我去找護士，護士讓我躺在布帘後的床上，就離開辦公室了。我開始嚎啕大哭，護士的腳步聲在走廊上響起，向我這邊走來，猛拉開帘子，說我從校長室就一路聽到你的哭聲，安靜點，她噓我，可是我更大聲。

然後爸來了，我敢說他並不生我的氣，他認為我做得很對，出去的路上，他把我舉起來，讓我生平首度喝飲水機的水，回到家時，媽也不生氣，因為她說我已經嘗試過了，我後來再也沒回過幼稚園。

在我五歲生日那天，費絲穿著宴會裝來，還帶了禮物，簡直是太隆重了。我沒有對她說很多話，只是帶她去看穀倉和乳牛。她沒有再來過，讓我覺得鬆了口氣。

幾周之後，媽接到了我的成績單，我們的成績是用笑臉或苦臉來代表，在社交技巧那一格，根本沒有畫臉。溫德太太寫著，六周以來我沒有開過一次金口。

第三章　戰士營（1969-1970）

去年的幼稚園生活裡，羅馬人把我打敗，割了我的舌頭，但我逃脫了，並且更堅強。媽向鎮上超市「大聯盟」的肉販買了好幾袋雞心。我挨著媽的屁股，看她用牛油在鐵鍋裡煎雞心，然後我起勁兒地嚼著這些內臟。我還一直愛吃一種叫「女士手指」的無油軟餅乾，聽那塑膠紙被撕開的聲音，看那些淺粉色的手指一根緊靠著一根。我也一根根掰斷，塞進嘴裡，我能吃下「一雙手」那麼多。

現在要聽我說故事啦。今天，九月的某一天，正是巴茲·愛得林和尼爾·阿姆斯壯把一面三乘五英呎的金屬美國國旗插上月球後的兩個月，我剛好看到爸在我們自己的一排旗竿下忙著。他蹲在一個巨大的帆布環狀物上，用他那史前石柱群似的牙齒咬著下唇，畫著綠色的條子和藍色的圈圈，我研究著這些畫，也用我東倒西歪的新門牙咬著嘴唇，問他在幹什麼，他說那是一座印地安帳篷，他要組印地安戰士會，人人都可以參加，小孩也可以。於是我立刻去散布消息。

我頭一個想要通知的人是波。學校已經擴大了，現在有十三個教職員的小孩，我們有屬於自己的學校，共兩間教室，地點在遙遠的山谷邊緣。每天我都戴著蘇格蘭條紋羊毛帽，頭髮塞在裡面，而妹妹從早到晚都愛穿睡衣。每天早上，我們就這身裝扮，到波和他弟弟住的拖車屋去接他們，然後再開到我們的「小學校」。我們在那裡玩牌，閱讀，畫圖，老師唸書給我們聽，試著做代數，學西班牙文，玩芭比娃娃和玩具兵。

波是最理想的摯友。他有一頭黑髮，他媽媽把他的頭髮剪到肩膀長度，而瀏海蓋在他那雙綠眼睛上方；波笑起來壞壞的。他爸爸是一位奧運滑雪選手，而波看起來也有運動員的好體格。他有英雄冒險傾向：他七歲時，拉我們的腳指甲，開他媽媽的福斯汽車在泥土路上坡下坡。他熱中所有需要偽裝的遊戲。他既卑鄙、凶暴，又好心、大膽。

我發現波和他的小弟達斯汀正想把豬從欄裡放出去，這種遊戲很受歡迎，我們把門拽開，豬隻彼此推擠著跑到爛泥路上，在田野裡尖叫著亂衝亂撞，學校鈴聲大作，全校都在追豬。我們坐在一輛卡車的車頂，如果有硬幣糖的話，我們就一面嚼，一面觀戰。

可是，現在，就在波快要打開豬欄的門之前，我說，別管那些豬啦。我們都到小山上去，全校都要去當戰士了。

我會帶槍，波喊著，和你在穀倉前碰面，然後他就走開了，他弟弟跟在後面，他們往拖車屋去。

我從未想過波會對我們這兒有疏離感，在今年秋天以前沒聽他說過。他曾住在蒙大拿州波士曼一棟多層式的房子裡，過著正常的生活，全職媽媽給他把午餐裝在棕色紙袋內，波搭校車去上學，用吸管喝桌上擺的紙盒牛奶；放學下了校車，媽媽給他吃點心，然後他去外面玩，第二天再重複這樣的生活。但他的雙親已經離婚了，爸爸還住蒙大拿州，可是他們的家變成一輛停靠在嬉皮公社學校林地裡的拖車屋。

波的媽媽愛倫在夏令營認識我媽，現在是我們「小學校」的老師，她梳著賈琪歐（譯註：美國電視名主持人）的髮型，是學校唯一有化妝的成年人，熱天時她會穿自己編織的比基尼走來走去，她在分類廣告上登廣告找有錢的男朋友。當初她把兩個男孩載上拖車，穿著那套泳裝，把槍插在腰帶上，橫過美國來到我們這兒。

戰士生活即將開鑼，全校帶著毛毯聚集到穀倉前，只有我爸沒帶，他在肩膀上搭了件水牛皮的袍子，總共來了八位老師，二十名心理失常的青少年，還有我們十三個小孩子。

我們分散在路邊長滿黑眼蘇珊和雛菊的泥土路上，越過牧場，爬上山谷邊緣的一座小丘。爸和男孩們砍樹做帳蓬柱子時，我們這些小孩都在閒蕩，我們看著新來的學生和我們認識的舊學生，他們懶洋洋地一邊抽菸，一邊講俏皮話。這群學生不再僅有精神分裂患者，現在多數都是法院送來的問題少年，精神病夾著不禮貌的態度時有所聞，不容易應付。對於有精神分裂症的學生，以及對我們而言，少年犯像電影明星般既萎靡又光彩迷人。

有個叫道格的，是我爸的得力助手，他有著黑色鬈髮，微笑時很迷人，而他大笑起來，變成一種酒鬼聖誕老人的咯咯竊笑，讓你也巴不得跟他一起笑。他的嗜好是用膠帶把爆竹綁到青蛙身上，然後看牠們跳起來爆炸。安姬，道格的女朋友，留著金色長髮，從家裡帶著一匹阿拉伯馬來這兒。她逃家橫越美國時曾被兩個男人強暴。

高瘦、野性的喬凡尼，曾目睹叔叔在自家車道上射殺他父親。他能和我們玩追人遊戲玩上好幾個鐘頭，有次因為把餐具插上狗屁股而惹禍上身。

帳蓬快搭好了，道格光著上身，他曬成褐色的臂肌鼓鼓的，牛仔褲掛在纖瘦的臀上，我想嫁給他，我希望像他那種樣子，安笑得很做作，她用手肘推凱蒂，小聲說什麼道格的白屁股瘦巴巴，凱蒂開始傻笑。

我羨慕安淺棕色的圓蓬蓬髮型，頂端戴著一個白色小皮帽，背後的褲袋上繡著亮晶晶的裝飾。可是凱蒂是我的偶像，她戴著用自己的真髮做的圓蓬式短假髮，梳得很完美。她有深棕色的肌膚，看起來既光滑又堅挺。想像她頸上戴著金鍊，一襲柔軟的合成纖維紅襯衫停在腰肢上，牛仔喇叭褲，背後的褲袋也有裝飾繡。凱蒂總是愛頑皮，拔人家頭髮，走起路來神氣巴拉，大家都怕她，她真了不起。

瘦巴巴的白屁股，我嘲弄地說，用腳磨蹭草地，假裝踩滅一根煙蒂。凱蒂笑得更厲害了。

道格跳下來了，帳蓬很漂亮，直聳入薄薄的藍天，而群山正轉成紅和金色。

爸把所有的小孩排成隊伍，粗略地檢視了一下。他拿起波的二十二口徑槍，檢查一番，關掉扳機，向槍管裡看，然後遞給道格，我看見波忍著眼淚，那是他父親給他的槍，可是他像其他人一樣怕我爸，他什麼話也沒說。

爸告訴大家，從現在起我們將遺世獨立，不准用商店買來的東西。他給每個小孩一把鞘刀，去獵捕自己的晚飯吧。

爸開始拿槍和刀給少年犯。

我們分散在林子裡，找小動物下手，森林雜亂無章，到處是腐葉，樹苗彼此攀附，尋求倚靠。松鼠動作太快，我們追不上，連蠑螈和青蛙都躲起來了，我們很快就放棄了吃肉的打算，而改採漿果。

往黑莓樹叢的路上，我們過馬路時，一輛旅行車慢慢朝我們開過來，車窗是搖上去的，兩個男孩展示著他們開學前新剪的髮型，母親包著頭巾，父親叼著菸，我們站在路邊讓他們開過去。這種情形屢見不鮮，觀光客覺得好玩而開車經過我們這古怪的農場。我覺得我認識其中一個男孩，是幼稚園裡的，我對車子伸指頭，波、貝琪和其他的人也學我，然後繼續向另一片野地行進，辦正事去了。

我們把木屋屋頂灰石板所殘留的碎片，投擲到樹莓上，讓碎片落下去，在長滿刺的枝子間鋪出一條能走人的路徑，然後爬了進去，但黑莓都已枯萎，吃起來有霉味。儘管如此，我們坐在這個荊棘洞穴內，唱「她來的時候會從山繞過來」以及「我們要說的，就是給和平一個機會」。飢餓感來襲，我們就吸食白苜蓿，然後在九月最後一線清冷的天光下，在帳蓬裡追進追出地嬉戲。

幽暗中，爸把波叫過去，用手環著他，孩子，我有事要你做。爸把他帶到新來的男學生上課的地方。我跟在後面和他們保持著一點距離。爸、布萊德、道格在溪邊招聚新生，他們的上衣都脫了。新生隊伍排得歪歪扭扭——有毒癮的、逃家的、翹課的、偷東西的。骨瘦如柴的男孩子，頭髮像雜草，起了雞皮疙瘩的手臂交叉抱在肋前，神經質地嘻嘻笑著。爸交給波一把鏟子，示意他用一桶牛糞澆他們的頭。

現場一片又哼鼻子又狂吼的笑，但沒有人抗議。波微笑著，然後爸把他自己的手伸進桶子裡，用手指塗印在每個人的胸膛上，於是每個男孩子都有爸的牛糞手印在心中了。下一步，他們跳進寒冷的溪水，用手護著私處以防烏龜咬。他們是戰士了。

我不知道女孩們是什麼，也不知道她們在哪裡。或許她們和媽在一起，圍坐成一圈，談著她們的感覺。不管她們在哪裡，反正都不可能是在演出一場真正的表演。

晚餐有營火烤冠藍鴉、松鼠串燒，爸為我和妹妹從家中帶了做好的食物。爸選食物基本上是根據新奇與否。我們家碗櫃充滿了灰綠色罐裝的軍用乾糧。他會做一大盤一大盤冒著水汽、爛糊、枯萎的食物，而他信誓旦旦說那是中國料理，或黃色的咖哩飯，說是向爺爺學來的，而爺爺是當兵時在印度學來的。（爸和爺爺只不過一起生活到他四歲大為止，我搞不懂一個退伍軍人如何和一個路都走不穩的小鬼切磋廚藝，反正咖哩飯的事是爸自創身世的一部份。）

住木屋時，每當我們拒絕吃爸所做的水煮冠藍鴉，他就會生氣，而變得非常英國人，他會說，這是一道美食，戲劇化的腔調逐漸加重，在高級餐館你們要付一大筆錢才吃得到這道菜呢，菜名叫「玻璃罩下的雉」。為了讓我們見識一下，他給我們一人一隻瘦巴巴的鳥，藏在吃麥片粥用的碗下面，而如果我們還是不肯吃，他就改口用勞工階級的腔調說：我小時候，我媽給我們麵包沾醬汁吃，而我們很高興有那種食物。

戰士新生活裡可沒人哄我們吃東西了，連多筋的鳥肉都不夠分配，我們現在真的餓了。媽在做煎餅，我們全都圍了過來，看著她在火上用鐵鍋烹調這些鬆軟、塗了油的餅，她想拿起鍋子，厚重的鍋翻了，餅滑到煤灰裡，我們相互撕扯別人手裡的餅，掀起一場野蠻的爭奪戰，我把已經變黑的餅緊緊抓在胸前，我忘不了那種混合著煤灰和油膩的滿足滋味。

爸媽開始爭論媽是否該下山去正房多拿一些糧食。媽的想法是絕對要去——營養永遠是她的第一考慮。爸認為絕對不去，遊戲才是重點。兩人越來越大聲，最後，媽嘆氣，爸贏了，而我們餓著肚皮去睡覺。

在我們的帳蓬裡，我緊靠著媽，想像著未來戰士生活漫長的日和夜，蹲在地上啃食松鼠的瘦骨頭。我想像自己越來越像狼，帶著空空的肚子和尖尖的牙齒在森林中竄逃，我要像那些學生一樣強悍；當我把徒手打來的鹿帶回來時，他們會噓叫著「瘦巴巴的白屁股」。

那一夜，我們在帳蓬裡睡覺時，亞爾岡京人（譯註：生活在加拿大渥太華河周圍林區的印地安人）、易洛魁人（北美五大湖區的印地安人）可能曾悄悄走出森林觀察我們，可能十九世紀的頑固農人也來過了。瑞典鐵礦工人從山脊上無人煙的村子徒步下山，他們都想一睹未來人類的樣貌。

你能看見小而灰的下弦月，而非當年太空人插的金屬旗子。穿鹿皮短褲和上衣的印地安人包圍了帳蓬，他們頭髮剃光，只留頂髻，還有穿白麻布和羊毛衣服的礦工和農夫，凝視著我們這堆露在軍毯外、頭髮糾纏不清的人頭。如果那時我醒著，說不定就看到他們了。

他們放下門帘，搖頭，彈舌頭，一個印地安人拿了一根柴枝，撥弄著營火的灰燼，撥出一副冠藍鴉的骨架，每個人都注視著，他們互相瞪著，一個農夫搖搖頭說，真進步哪，他露齒笑了，越笑越厲害，笑彎了腰，拍打著彼此的背部，笑得太兇，結果消失了。

天將亮時，我們掀掉覆了霜的毛毯，低頭鑽出帳篷，小達斯汀已尿濕了爸的水牛袍子，人人都餓得哀哀叫，大家將毛毯集中到一起，行軍下山，遠離塵世的生活終告結束。

亞迪隆達山脈的冬又來了，好像一直都是這樣。爸辦過一個平底雪橇的課，起點在山脊的頂端，滑過我們的車道，一直滑到溪邊。然後，爸辦了奧林匹克測試，每個人都參加分隊，爸帶馬錶和行動電話，身穿紅色羽毛大外套在山腳等著，而雷斯穿著綠色羽毛大外套，拿著馬錶和行動電話在山頂等著，雷斯抵達我們這裡，及時趕上印地安戰士營的活動，他帶著老婆，以及和我同年齡的兒子托比。雷斯個子很高，他的褐髮幾乎都理光了，蓄著小山羊鬍，戴一副染成綠色的眼鏡。他像我爸一樣，是個藝人和喜劇演員，都曾因態度不佳而有過不順遂的學校生活。

四人擠進一部平底雪橇，身上的牛仔褲已僵硬結冰了，最後一個人推雪橇，跳上去，然後人人吶喊著，一路直直滑下山坡，從雪橇上跌下去的人數十分可觀，全身被雪和血蓋著，還大笑不停。爸會記錄次數，道格那隊贏得勝利，雷斯質疑有作弊，爸只是大笑，把獎牌頒給了道格。

這些是那年冬天唯一值得一提的事。多數時光我們都在室內度過，暖氣把人燻得昏昏沉沉，窗戶都罩著塑膠布禦寒。在學校裡，愛倫唸好幾小時書給我們聽，有時唸上一整天。我們懶洋洋地倚在窗台的座墊上，既隱密又溫暖，幻想著納尼亞王國（譯註：C.S.陸易士筆下的童話國度），蘿拉・英格絲・懷爾德還是小女孩時，大草原上終年都是冬天或凜冽的暴風雪。我們或玩牌，或玩玩具兵和芭比娃娃，而屋外，則是結冰的狗屎、牛糞、馬糞、以及光禿禿的樹。

讓我們跳到六月吧，我父母的新寵——保羅和蘿瑞就是那時來的。他們來面試，職務是閱讀指導老師和農場經理，同時也將兼任舍監。他們會住在一棟連著A字形房舍的圓頂屋，裡面住了七名有情緒疾病的男女學生。這份工作是一天二十四小時，一周六天，一年七千個小時，外加薪水。

保羅二十四歲，像甘迺迪家的男人一樣英俊，黑鬈髮、深色皮膚、寬肩、農家子弟，曾經是大學徑賽明星和班長，他被一件粗呢西裝和領帶裹得緊緊的；蘿瑞從前是舞會皇后，穿著高腰的綠棉布天鵝絨洋裝；兩個人都有大而潔白的牙齒。他們開著紅色福斯金龜車，從靠近加拿大邊界的一所小學院過來，保羅曾在那兒教馬克思主義社會學，而蘿瑞在那裡讀實驗教育。

你們為什麼想來這兒工作？

因為這裡才是問題發生的地方，他們表示，這個工作是實務，而非理論。

我父母很懷疑，因為他們這麼年輕，才二十四，而且看起來太老實，太重理論，缺乏經驗。於是爸扮演亞瑟王，給他們一個小測試，他把喬凡尼和美蒂交給他們兩周，他們答應了。拿了帳蓬和睡袋，捲到自己的行李上，喬凡尼縮著身子坐到車後座，美蒂坐在他旁邊，一手抓著芭比娃娃盒子，一手將她的貓眼形黑色塑膠眼鏡向上推。

兩周後他們開車回來，每個人都活著，且好端端的。保羅不再穿西裝了，他穿著牛仔褲和T-恤，留了鬍子。蘿瑞包著頭巾，藍色燈芯絨褲子和一件傘狀襯衫。

喬凡尼和他的朋友坐在正房的門廊上，點了一支菸來驅趕蚊蚋。他穿工作褲，沒穿上衣，他說這樣很舒服。美蒂上山到木屋拿了爸的一支槍，和幾枚子彈，下山到雷斯和家人所住的倉庫，她亂揮槍，說要殺掉雷斯全家。我媽、我爸和保羅都進了倉庫，他們奪下她的槍，然後開會決定下一步該怎麼辦。

當所有大人都在倉庫裡討論時，我看到波蹲在穀倉和小溪間，造一艘保麗龍的船，是獨木舟形狀，小小的，很精美。我們召來其他人，計劃一次探險：橫過上漲的小溪，探索溪那邊的田野。太陽很暖，風涼爽而濕潤，那片田野看上去綠得水汪汪的，充滿各種可能性，而我們從未去過。

小溪在陡峭的堤防下，從道路看過去幾乎看不到溪水，可是有一個老舊的梯子可以下到溪邊，波和我將船頂在頭上，我們爬下幾個月前才退冰的溪岸，其餘的人在旁邊跳來跳去。船只夠波和一名乘客，可是他有一支槳，他打著水流，一次送一個人過去，最後一趟是雷斯的兒子托比。波跨下船，我們都在對岸，他拿著槳，可是在托比爬下船之前，水流把船沖走了。托比站在船裡，船被溪水捲下去，嘿！他喊。他向我們舉起手，可能是在求救，可能是在告別。我們也向他揮手，一轉彎他就不見了，而我們把他忘了。岸的這一邊，現在我們所在之處，並不很吸引人，這才發現由於它是一片沼澤，所以剛才看起來很亮綠，冰涼的泥水淹到我們的腳踝，托比總是弄得我們亂七八糟，獨木舟沒了，怎麼回去？

我們倉促沿著岸邊走，直到波發現一根大木材橫在溪水較窄處，木材很陡，一端高於另一端，已腐爛了，上面因長水藻而滑溜溜的。波先爬上去，然後是我和貝琪。大家都沒事，只有貝琪滑倒了，但她用一隻手臂抓住了滑滑的木頭，溪流好強，水像冰一樣冷，漫過了她的頭。

我回頭看了一次，看到妹妹痛苦的臉，她的長髮在水裡打漩，我跑去求救，一路衝上山，我的腳步敲著路面，手握著拳，心臟跳得咚咚響。事關緊急！

小溪這邊，我妹妹的羊毛衣吃了水變重了，橡膠靴內也積滿水。溪水不斷衝擊著她，她不會游泳，但她想或許順流而下比較好。於是她鬆手，放開大木材。（據她回憶，那是她童年的關鍵時刻，而她沒有自救！）

我猛拔開倉庫的門，看見所有重要人物的腿圍著桌子，我驚嚇了片刻，但那天的重頭戲就看我了。我大喊，貝琪快淹死啦！

這話好像奇蹟，那些腿全插到腳上，椅子撞翻了，他們從我身邊蜂湧地奪門而出。

波就在大木材下游幾英尺處，看到貝琪順著水流滾向他，他涉水過去抓住了她的毛衣，把她拽上岸，貝琪嗆著水一面叫喊，他四下環顧，只有他和她。（這是波最明白的時刻──大人不會來救你的。）

等大人們滑下堤防，貝琪已不再哭叫了，媽把全身溼透的妹妹靠在她的胸前，托比來了，又濕又激動，他說獨木舟不見了。

我希望能在危急和救援之間來回奔走，一直擔任緊急消息的通報者。我覺得有點洩氣，本來希望至少有個更驚險的結局，讓繩套或消防車之類的能派上用場。

美蒂離開了，爸的槍現在鎖進衣櫃裡。保羅的下一項考試是收乾草。夏末初秋，是乾草季節的忙碌高峰。田裡的作物都收割曬乾後，他們就把古老的打穀機搬出來，它的尾端有一排帶彎釘的轉盤，爸把它們漆上紅、黃二色的花。機器擺定位後，我們會站在轉盤之間去轉動它們，看著顏色和險惡的鉤子在幾吋的近距離內模糊成一片。

乾草割下來了，媽駕著牽引機推動貨車，牽引機緩緩駛過田地時，人們戴手套抓著麻繩，將一捆捆乾草拋入貨車，那總是在熱天，每個人的背都因汗水和乾草而發癢，也都高高興興的（波能獨自舉起一捆乾草呢。）我們到處攀爬，坐到草堆上，又跳下去，在旁邊跟著跑。稍後我們會騎上運送乾草捆到倉庫的綠色輸送帶。

穀倉的貯藏間充滿了乾草和飄揚的羽毛，燕子猛撲我們頭上的屋簷，光線從屋頂的裂縫洩進來，像絲巾似的鋪在乾草上，我們藏身在乾草裡，玩躲貓貓。波和我總是躲在一起，把手臂圍著腿，頭放在膝蓋上，我們肩挨著肩，耳朵裡有彼此濃重的呼吸聲。被找到時，我們就鑽出來，跳到地面沒捆的乾草堆上。

這個八月，我們如往常一樣站在打穀機上看轉盤旋轉，花和鉤子變模糊，結果有人說，嘿，小鬼，走開。

那是保羅。

我們跳下去。怎麼啦？

你們不能這樣，他說，危險哪。

我說，我們以前都這樣的。瞪著他。

你們可能會受傷，他說，去別地方玩。

這新來的人是渾蛋。我說。波和貝琪都同意。

這是保羅上任以來的第一個乾草季，那一季沒有任何機器故障。他被派當經理是沒錯，可是我不喜歡他管理農場的方式。他訂了一些安全規定。我可以接受規定，只要是我訂的。我的規定會讓我安全，我的命令代表我的權力，有爸給我撐腰。

可是保羅是爸面前最新的紅人。他現在頭髮已長到足以用緞帶紮個馬尾了，像爸一樣。他們一起打獵，他喜歡穿著一件有穗狀裝飾的皮夾克，戴一頂皮帽，大家都喊他亞迪隆達保羅。

媽認為保羅很誠實，是智慧型的農夫，天生沒辦法說謊。她喜歡他在白襯衫袖子上捲菸的樣子，以及他修理馬廄旁受損的圍籬時哼鮑伯・迪倫的「銅壺」的樣子，或討論巴敏思特・富樂的群體動力理論的方式。他讓她想起少女時代的偶像亞伯拉罕・林肯。

雷斯是那個最終告密的人，以下是我想像中事情發生的情形。我媽在正房的廚房裡。她在做菜，要不就在做逾越節薄餅丸子湯。別人都在從事一些晚間的活動，也許到格蘭佛斯鎮上看電影去了。雷斯來到廚房靠在櫃台旁，兩臂交疊，他和媽相處融洽，他倆從高中時代就認識了，他依舊叫她「大屁股」，因為她高中時臀部豐滿，雖然生孩子以後她的屁股已變成扁平。

我想像媽進食物貯藏間去選香料，他就站在通道上，裡面架子上擠滿了香料、罐頭和老鼠屎，根本容不下兩個人。

雷斯說，大屁股，你是怎麼安排你老公的？

你這是什麼意思？她踮著腳，要搆架子的最上層。

你們是開放式婚姻嗎？還是哪種？

她拿到了牛至（一種植物），轉身面對著他，不是，我們不是開放式的。

但你是知道的，對吧？他到處睡。

你在說什麼？我媽有幽室恐怖症。她覺得自己可能會昏倒。那裡又熱又窄，她拉了繩子，光禿禿的燈泡熄滅了，把雷斯推出貯藏間。

他跟著她走到爐邊，你必須知道，別人都知道。雷斯幾乎是在耳語，我是說學生、職員、「大聯盟」超市的出納員，每個人。

媽放下牛至，用手摀著嘴，她想要否認，但她如何否認？她小心建立的自欺欺人的共謀已經行不通了。既然被人議論紛紛，她明白她說得出來是哪幾次。從吉普車後座的那個女孩開始，每次無法解釋的不知去向、錯過飛機、車子壞掉，每一個荒唐的藉口。

她要如何擺平這事？

我看她會把爐子開到高溫，讓那大鍋雞湯沸滾，結果湯汁噴出變成一條洶湧的河流，淹死那可惡的傢伙，或者，她摑了雷斯一巴掌，只因他是傳話人。但這樣不像她。以媽的個性，她會把手從嘴邊拿開，且一定會哭一場。

那晚稍後，她在木屋質問爸，他大怒，否認一切，但她指出哪些女人，哪幾次，她說，你不能再犯。

他踱來踱去，你聽我說，那也不代表什麼。

我不想撒謊說我不再犯了。可是這不代表什麼。一夫一妻是胡扯。大姐，妳也該試著和別人做愛。

你戒不戒掉？

現在當我媽告訴我這故事時，她說，曾有很短一段時間，我們的山谷實行了開放式的婚姻。我們試著去有一個完美的社區，沒有個人所有，但我們總有個默契，即人人都有一個主要的基本關係，「分享」不能威脅到這個基本關係。

親愛的，你是我所愛的人，爸說，你是我生命中的愛。她相信他，他相信他自己，我也相信了。現在一切開誠布公，一切只有更美好。

婚姻是布爾喬亞階級的制度，一夫一妻令人窒息，但婚禮是個儀式，婚禮很有趣。那年九月，布萊德和他的女友在婚禮那天差點送命。

布萊德和其他男老師很像，戴老式眼鏡，留長髮和小鬍子。我對所有留長髮和小鬍子的好人都弄不清楚：一個拉我轉圈圈，一邊唱「搭卡，搭卡」；一個彈吉他給我們聽；一個和我們蹲在地上，解說螞蟻的秘密生活。我記得布萊德，因為他是爸的一個特別的朋友。他們倆總是愛開玩笑，在一起鬼混——他們會彎下身子，摩拳擦掌，又笑又叫，演出全本鬧劇裡的惡棍。

布萊德的女友為婚禮穿上一襲有繡花的細棉長裙，帶著面紗，她懷孕的肚子頗大，布萊德穿了一套西裝，光著腳。一位老師為他們證婚，貝琪和我當花童，拿著雛菊，身穿紅與藍色歐芹圖案的裙子。那是個美麗的秋天，涼風陣陣，碧草藍天。

婚禮進行地點的後面是比利的墓，我爸刻的字在三英尺高的灰石堆最頂端。空氣中微星般的閃爍可能是比利的魂想攫取什麼，或者他只是棲息在墓碑上，喊著「雪倫是個性感女孩」。

婚禮結尾時，一對新人爬上由一匹不斷跺著腳的黑馬所拉的古董馬車，爸和九名學生全部身穿十八世紀皇家海軍制服，他們舉起舊式步槍，鳴槍十響致敬。

槍聲讓馬嘶叫，馬用後腿直立起來，奔下陡峭的山坡，後面拖著馬車。人人都在尖叫、被燃槍的苦辣味嗆得咳嗽，法蘭琪——那個整天都泡在穀倉的學生跑到馬車前面，想阻止他們。馬改變方向，法蘭琪跌倒了，我們全都看到馬車輾過她的胸部。想不到的是，法蘭琪像北美郊狼（譯註：指華納卡通人物）一樣跳起來，追在逃跑者後頭，還向我們揮手。

馬和馬車搖搖晃晃奔向大陡坡山腳下的小溪，時而一隻輪子離地，時而另一隻。新娘子站起身開始抽緊韁繩，就好像卻爾頓・希斯頓在「賓漢」裡的動作一樣，只不過她懷了孕。她的面紗飛揚在身後，布萊德也站著，牢牢地抓住她。

我瞥見媽的嘴巴，變成驚恐的〇字型，正用手去遮著，我看這一幕比世界奇觀還精采，此時馬和車竟安全地在小溪中拋錨，動彈不得了。新郎赤腳爬出來，抱著沉重的新娘，涉過冰冷的溪水。我們大聲歡呼。

稍後，在其中一棟圓頂屋裡開了宴會。會場有遮了黑玻璃紙的燈和螢光海報，雞尾酒碗盛滿葡萄汁調啤酒，穿著紅色迷你裙的凱蒂站起來，薄薄的白紗巾氣派地圍在頸子上，她戴著巨大的銀製環狀耳環，先唱了「慢慢搖，甜美的馬車」，又唱了「在河上搖擺」，沒有顫音，只有美好、強有力的歌聲充滿那間圓形屋子。

然後凱蒂放了「傑克森五黑寶」的唱片，「一、二、三，寶貝你和我，女孩」，道格邀我共舞，他帶我旋轉，讓我暈頭轉向。他隨曲子喊叫著，等你十八歲，我要請你和我約會。

波不跳舞。他坐長凳子，頭放在膝蓋上，每當學生們在四周時他經常都這樣。我妹妹在和安跳舞，模仿她抖腿的模樣。我走過去看著凱蒂很仔細地將她的唱片放回封套內，她給我看「傑克森五黑寶」的唱片封面，指著麥可說，我們同年紀，如果我想的話，我可以嫁給他。

有人放「披頭四」的歌——「過來，就在此刻，到我這裡。」安姬和道格在外邊沙發上做愛，我爸在和蘿瑞跳舞，我聽見他對她說他喜歡她漂亮的貓眼。還有我媽和保羅，他們跳舞貼得很近，保羅的動作好像貓王，而我媽晃動著她的臀。或許比利還在這兒逗留，在我們全體周圍做繩結。

我七歲，喝葡萄汁調啤酒的雞尾酒喝醉了。音響低低唱著「現在世界需要的，是愛，甜甜的愛，那是唯一嫌少的東西。」我對英勇的新郎和他大膽的孕婦新娘、對法蘭琪卡通式的無敵精神、對我爸製造興奮的才華，都充滿了欽佩。等我十八歲，我要在「婚禮山」上和道格或麥可．傑克森結婚，當我們的馬奔向險境時，我會毫不畏縮地抓著韁繩。

在此同時，二百四十英里外的地方，塞拉庫斯（Syracuse）市郊的一個地下室，未來的丈夫是個現年十一歲的男孩，他跪在地上，正在修改他的模型火箭，T恤包在他那大得離譜的屁股上，他頭戴滑雪帽，以壓平他的鬈髮。身旁，有個吃了一半的藍莓果醬派放在餐巾紙上，還有杯牛奶。他是個拘謹、生活規律的男孩。他的火箭完全和包裝盒圖片上的一樣。每喝一口牛奶，他就咬一口藍莓派，調幅廣播低低的播送著去年的排行歌曲，他不自覺隨戴安娜．蘿絲輕輕哼著「有朝一日，我們會在一起，」把最後兩個音節拉得很長，直到聲音唱破了為止。他伸手拿藍莓派，然後拿牛奶，確保每件事都很平衡。

第四章　北極圈過暑假（1971夏）

到目前為止，幼稚園是我唯一知道的外面世界，不過我的眼界即將擴展。爸媽說暑假我們要到維京群島玩帆船。我們會在船上待一個月，有船長和大副。這個渡假的構想嚇到我了，爸曾唸《金銀島》給我聽，我想像中水手都是有木腿的危險份子。後來，爸又說我們可能改成去和愛斯基摩人一起生活，他問我意見如何，當然是選愛斯基摩人啦，我說，我反對海盜。

事情就這樣敲定了，然後，看吧，在某次的皇家海軍冒險行動中，爸曾遇到一位還俗的法裔加拿大神父，此人在加拿大北極圈內傳過教，他會幫我們安排一切。

但那晚我無意間聽到媽憂心忡忡的說，愛斯基摩人還有養雪橇狗的習慣，狗在夏天會非常粗暴，牠們曾經咬死小孩。現在我對這個假期也不再期待了。爸寫了信給神父，他回信說我們可以和鎮上的清潔工人住在一起，而且夏天時狗都放到附近島上，所以不用害怕。

八月，波和達斯汀會到蒙大拿去和他們的父親住，學生們也將返家過暑假。保羅和蘿瑞正在露營旅行，而我們就要去北極圈和城市清潔工住一個月。

我們先開吉普車到蒙特婁，然後搭飛機到提明斯市（Timmins），那裡的加拿大官員沒收了爸的獵槍，爸大發脾氣，對面無表情的海關人員大吼「這裡不是美國的地盤，我們要離開這鬼地方打道回府！」媽好言相勸，提醒他他還有昂貴的全新釣魚用具可玩嘛。

於是爸降尊紓貴留了下來，我們再從提明斯市搭一架二次世界大戰時的水上飛機，降落在位於哈得遜灣（Hudson Bay）的波旺加圖（Povungatuk）。機艙內轟隆聲很大，我們說話必須彼此吼叫。駕駛員把駕駛艙的門開著，以便我們觀賞他開飛機。天開始下雨了，雨水滲到座位上，我們被指示用毛巾擋住天花板，我從小小的窗子可以看見世界已變成永恆的一半灰水，一半深綠色苔原。

終於，飛機開始轉身並下降了，我看到粉彩色澤的簡陋木屋散落在各處。然後我們降落在海上，飛機搖晃得厲害，駕駛員關掉引擎，用力拉開機門。波浪拍擊著他的腳，我們離岸約有一百碼。四艘皮筏朝我們而來，由穿著毛皮厚外套的黑髮男子划著。一艘停在機門邊，駕駛員把妹妹和我提起來，放到船板上，然後男人就划走了，我抓緊船舷，我們破浪前進。男人們用一種我聽不懂的語言談話並大笑。發生叛變了，我在想。妹妹沒作聲，那一定是我自己啜泣的聲音，船快靠岸時，前槳手跳進及膝高的冰水裡，把皮筏牽到卵石海灘上，一群人包圍了我們，他們都有黑而直的頭髮，注視著我和妹妹用胳肢窩用力撐著下了船，爸媽和行李也抵達了，我們全站在那兒。

群眾讓路給一輛黃色的倒貨大卡車。一個微笑、理平頭的小個子男人跳下駕駛座並自我介紹，我是艾烈西，他使勁兒握爸的手，把我們的行李扔進卡車後面，我們也跟著爬進去。卡車把輪子蹬得嘎嘎響，猛衝上海灘，開到一條泥土路上，駛過兩座教堂，和許多看起來一模一樣的粉紅和藍色的房子，又經過形狀像白色大冰屋的加拿大銀行。一部塞滿了人的無門計程車超我們的車，人們跟在旁邊跑，跳上車，另一些人則跳下去。艾烈西告訴我們，那計程車沒有煞車，它沒法停下來，除非它的油用完。

艾烈西的房子有客、餐、廚三用廳和兩間臥室，除了一張沙發、一張桌子，其它沒什麼東西。很快我們就知道艾烈西的太太和小孩不歡迎我們——小女孩躲著我們，用手遮著臉想讓自己隱形，而女人面無表情，但艾烈西每晚都和我爸媽在鑲耐熱板的小桌旁喝茶、談笑。

除了神父之外，艾烈西是波旺加圖最重要的人物了，他是村子裡唯一不領加拿大政府救濟金的人，他為大家送水，運垃圾，開唯一有煞車的車子。但媽說他很頹喪，對艾烈西而言池子太小了，媽這麼說。稍後，當烈酒運送到波旺加圖時，他就會變成酒鬼，把自己殺掉。可是目前，加拿大政府還是禁酒，艾烈西說有人闖入哈得遜灣百貨店，偷了一瓶香水喝下肚，想試驗一下醉酒的滋味。

這裡的食物不多，大補給船每年進灣兩次，可是現在它被冰困住了，遲到了好幾個月，哈得遜灣百貨店的貨架已經空空如也，冷凍庫裡僅剩一條烤肉，因為沒有人知道如何烹調它，結果媽把它做給艾烈西家吃。此外我們的主食都是班諾餅，是一種白麵做的軟餅，煎成像巨形的甜甜圈那樣。我們喝茶，調入含糖的罐裝煉乳。衛生紙也用完了，我們就用廣告單代替，有點像爸搞的戰士營，只是要脫身沒那麼容易。

海水不斷沖擊陸地，風刮走海水，苔原窸窣作響，沒完沒了。小小的村莊蜷縮在其間，我對這一切全然陌生，世界的顏色變得這麼單調，晦綠的矮小植物、平平的灰色大海、塵土和卵石、褐色的鳥兒。我們採苔原上苦澀的白莓子，那滋味讓我想念波。風始終在吹襲，讓我的眼淚和鼻涕也流個不停，就好像我總是在哭泣。艾烈西解釋說，由於我們是第一批出現在村子裡的白種小孩，所以愛斯基摩孩子都尖叫著逃開來。

有一晚當媽要把我塞到艾烈西的沙發床上時，我想解釋可能就是這個原因讓我焦慮。我說，整個世界是由許多小圈圈構成的，她不懂，我又再說一遍，有些小圈圈我們進不去。

像身體裡的細胞？媽問。

可是我們是一個身體嗎？我懷疑。

媽說我好聰明，睡覺吧。

艾烈西划船帶我們去一個岩石島釣魚。我深信他們就是把咬人的狗放在那兒，雖然艾烈西說不是。他指給我們看岩石裡深深的裂縫，有人掉下去死在裂縫裡。我張望著看受否有狗的跡象。爸開始拋出他的新釣竿和繞線輪，艾烈西取出一個纏著魚線的汽水罐，他放入許多魚。爸沒釣到魚，也不說話，媽、妹妹和我等著火山爆發。結果什麼也沒有，但這更糟。

我們去參觀雕刻社，妹妹得到一小塊皀石，她雕著，我在旁觀看，無聊，鬱卒得很。後來，兩個圍紅格呢披巾的女孩悄悄靠過來，她倆摀著嘴笑我妹妹在石頭上刮出的痕跡。她們告訴我們，女生是不玩雕刻的。

米妮的頰骨高高的，用格子呢披巾把她的小姪女背在背上。米娜留著劉海，臉蛋圓而甜。她們的中間名字竟是數字，是加拿大政府給的。兩人都把黑橡膠靴套在有刺繡邊的海豹皮靴外面。她們笑個不停，妹妹把皀石丟在階梯上，然後我們和米妮、米娜一起跑開。

轉瞬間，波旺加圖變成世界上最美好的地方。我們整天吃的都是煎白餅配有甜味的茶。太陽永遠不睡覺，我們頂著極光在戶外玩到過半夜。媽給我們買了橡膠靴以及有繡花邊的海豹靴。我們一群女孩玩遍全村，我喜歡低頭看我們腳上沾了泥土、全部一模一樣的黑靴子。社區中心每天晚上都會放一部電影，門票只要一毛，要是小孩沒有〇錢，反正就擠進去，不理門口那個失明的收費員。

多半，我們都混在一大群由米妮和米娜帶頭的團體裡，但還有一個半白人血統的女孩，媽有時帶我們去找她。依莉莎碧的白人父親曾在哈得遜海灣百貨店工作，不過他早就不知去向。其他女孩似乎都不大和她玩，她看起來有點像我。依莉莎碧和我靜靜地在她祖母的廚房裡喝茶，她似乎悲傷又蒼白，而我也比較喜歡米妮和米娜，她們總是笑的。

艾烈西帶我們去看一個女人，她曾經出現在有史以來第一部記錄片「北方的南努克」（Nanook of the North，譯註：美國記錄片之祖，記錄一個愛斯基摩家庭在一九二〇年的生活。南努克是男主角的名字，數年後死於飢餓）。我後來上大學時，終於看到那片子。南努克划著皮筏去岸邊，他全家一個接一個，從船的凹處突然出現，全都咧大嘴微笑著。我覺得快窒息了，想像著那一家子在皮筏裡窩成一團，身上穿的皮毛彼此擠壓著。

這女人在片中曾是個小女孩，但現在她是個沒有牙的老婦，她述說冬天人們只為到鄰居家聊幾句，卻在暴風雪中迷路的故事。她說他們會被人發現在房子附近，通常都全身赤裸。迷路者完全單獨，除了一片白茫茫，什麼都看不見，於是發瘋了，覺得越來越熱，衣服一件件扯下來，把路邊的雪堆挖洞鑽進去，就在那兒睡著了。

補給船終於通過重重冰封而抵達，大家都跑到岸邊幫忙卸貨，將板條箱傳遞到海灘，好像在過除夕或感恩節一樣。人們眼花撩亂，糖果風靡了全村。艾烈西去店裡帶了四瓶百事可樂回家，他太太將加糖的粉紅色爆米花倒入嬰兒床，孩子們走來走去吃著甘草蛋奶甜點和炸麵棒，艾烈西很快喝掉百事可樂，打發我和妹妹去店裡再買更多瓶，我們覺得任務重大。回程一個男孩叫著「醜陋的白種女孩！」他向我們丟了一塊石頭。

我們夾著可樂快跑，瓶子碰著我們的肚子。後來，我告訴米妮和米娜那個男孩的話，期待她們的笑聲會磨滅這些字眼，但她們只搖搖頭，她們說艾烈西的小女兒對每個人說我們是醜陋的白惡魔。我把發白的手藏在口袋裡。

然後媽問我們想不想帶一個愛斯基摩女孩回家。我們可以把米妮和米娜都帶回去嗎？我問。媽說只能帶依莉莎碧，因為她有一半白人血統，日子也過得不愉快。她的祖母希望我們帶她離開這裡一段時間。我很失望，因為依莉莎碧不怎麼有趣。

最後一周，依莉莎碧的祖母改變主意，她不能和她分開。我們離開前一晚，我去和依莉莎碧道別，她的臥房除了一個沙發墊子空無一物。她對我說，當你看到一棵樹，幫我親吻一下。她微笑了。

她從未看過樹。

她說她最愛的點心是魚眼睛。

哇，突然間，我愛上她，我受不了自己將失去她。

我問她，能不能趁我們在波旺加圖的最後一夜，和我跟貝琪一塊兒睡在艾烈西的沙發床上，她說好。我發現我們同年齡，同身高，都有深金色的頭髮。

她是我的雙胞胎，當我們抵達蒙特婁，而她不在身邊，機場外面的第一棵樹在我眼中似乎其大無比，是棵奇異的蔬菜。我在我的意識裡親吻了它，不知依莉莎碧的唇是否能感受到粗粗的樹皮。

第五章 暗夜（1971-1972冬）

而今，數個月之後的深冬，我們重返自己的地盤，道格正在唱歌給大家聽。這是個才藝表演會，他戴著深色的飛行員眼鏡，全身蜷繞著一支想像的麥克風，用深沉、沙沙的聲音唱著，他的面龐在陰影中變得神秘。他佯裝時而逼向我們，時而退後，踩著爵士步子，靠近，再靠近，直到貼近一個女孩的眼前，「我要帶著你，擁著你，做所有我告訴過你的事，在夜半時分……」。

我希望這變了個人似的道格只為我而唱，但當他晃動著接近我的時候，我卻尖叫，把臉蒙起來。當他靠近我妹妹時，她開始啜泣。爸叫我帶她回家去找媽。我們離開這熱絡、吵雜的地方，進到被冰雪和凝結的星星所覆蓋的夜色裡。我們握著戴了無指手套的手，一語不發，扎扎作響地踩過腫脹的雪地。樹木向我們逼近，身旁一棵抑制著食慾的樺樹低吟著，或許那是李莉絲。古老的希伯來故事裡，李莉絲逃出伊甸園，她變成非處女，生下數以千計的惡女。魔鬼們就住在樹裡，誘惑無知者至死。那棵樹再度發出悲歌。我似乎被兩首可怕的歌所網住，無所遁逃。

道格初到此地是兩年前的事了，我們都在屋外玩「大風吹」遊戲。一輛摩托車的聲音響遍山丘，那是輛經過改裝、有橫桿的山葉六五〇，送來了個穿皮夾克，戴紅、白、藍三色頭盔的大個子，有人大喊，那是逍遙騎士（譯註：指一九六九年的電影《Easy Rider》裡的角色，是美國流行文化的代表作之一）哪。我們看著那傢伙轉進車道，停在旗竿前，他摘下頭盔，抖出黑色的長髮。有人叫道，是那個新來的傢伙（譯註：原文用西班牙語說「傢伙」這字，可能是因為道格有深色皮膚，像西班牙人或墨西哥人）！

晚餐後，爸邀道格上山到木屋，他們坐在長桌旁，我媽說，講講你自己的事。道格顯得難過，但很勇敢，就如大兵喬（譯註：一種玩具兵的名字）。他說，有些故事很難啟口。

他們談話時，爸把椅子向後退，從廚房一個抽屜裡取出一把切肉刀，他用大拇指試看刀鋒，然後他走向道格，削了他羽毛夾克的袖子，一袋藥丸掉了出來。

道格哽住了。

孩子，山谷裡是不准嗑藥的，爸說。當爸用手環著他時，手上還拿著切肉刀。

道格退縮了，但一切都沒事，爸拿出飲料，他們要他講真實的故事。

我記不清他當時所說的話，也無從問起了，因為道格已死。但我記得他的音調，他聲音的節奏，他用手指緊張地玩弄襯衫上的折邊。我記得他的故事是這樣的：

事情起自於我在拉瓜底亞高中搖滾樂活動時，在男生廁所抽大麻被捉個正著，不是光彩的事，但脫身通常並不難，我是個黝黑的愛爾蘭人，有人見人愛的笑容，是頗有人緣的少年犯，進法院時，我馬上開始述說悲慘的童年，我把重點放在初中時，我媽把我爸趕出去十或十一次，爸強行帶我去法國，在一所沒人會講英文的學校給我註了冊，把我丟在那兒。年紀比我大、說法語的人曾對我進行嚴重的性侵害，我沒辦法去告發。隱姓埋名生活了約六個月，後來我媽找到我，我回到懷特平原市唸九年級，但法語仍然令我作嘔。我說完自己的遭遇，照慣例擠出笑中帶淚的表情，然後等候緩刑。

法官摘下眼鏡，他是個光頭，他擦掉眼屎，輕輕地把槌子翻來覆去。他開始介紹野外的治療性社區，他說我們的社會體制內有提供一些選擇，老弟。我發誓，他是這麼說的：老弟。他說我需要打破依賴藥物的惡性循環，他說我需要被照顧和愛，他提到這邊每星期一早上有讓學生們抒發感情的聚會。他提到我可以用木材給自己做張床，享受勞力的成果。他好像撒種者強尼（Johnny Appleseed，美國早期傳奇人物，曾沿著拓荒者路線種植果樹，一路種到印第安納州）似的。然後他戴上眼鏡，幫我檢視法規程序，告訴我我可以有所選擇

——去作精神病評估，去戒癮所，停學，八十小時社區服務加六個月緩刑，或到這個森林裡的嬉皮公社來。

我最先想到的就是熊，還有鄉下殺人用斧頭這類事，可是後來我就想像自己是拓荒者之一，打獵，捕魚維生，你知道，像耶利米．強森（譯註：一個離開文明社會的小說人物，獨自來到山中，經隱士指點，學會如何在荒野與原住民和熊和平共存，曾拍成電影「猛虎過山」）那樣。

我想到在一群和氣的人面前大哭，想像著「舊我的齷齪」的重量，甚至我的惡習，全都脫落了，我變得好輕，幾乎飄浮在空中似的。

我在懷特平原市並不好，沒有錢，好像每個人都坐牢去了，我媽再度偷偷喝酒，就如我先前說過，我的「舊我」不願停下來，他把我幹掉之後，我無法面對自己所過的生活，有時連照鏡子也不敢。真糗。

於是我說，搞什麼鬼嘛，我還嬉皮公社啦。

我回到家，被老爸狠揍一頓，連我臉上痘子都被打破。我媽哭了。我把一袋藥丸縫在外套袖子裡，跳上摩托車，就來到這裡了。

道格告訴我們一切之後，他繞著中央壁爐追我和貝琪，故意不捉到我們。我父母看著笑了。大家都沉浸在愛裡。

當冬天還沒走，當雪還在下，風穿過煙囪吟唱著，我要告訴你我對道格和他的影子感覺，正是我對動物的感覺，牠們可能會做任何事。我喜歡籬笆、皮帶、口套和籠子。而我頭髮散亂的小妹，卻可以稱得上是動物世界的南丁格爾。連我弄死小溪裡的水蛭她都不肯，她養貓、金絲雀和天竺鼠，會柔聲對牠們說「別怕」，一面輕觸牠們的下巴。最終動物死了，她會悲傷地埋葬牠們。

有次，一隻狗衝過來時她正摟著她的貓，當妹妹忙著擋住狗的時候，貓張著爪子爬上她的肩膀，傷口癒合得不好，到她六歲時上臂都還有腫大的四英寸疤痕，成了她熱愛動物的記號。

某天，我跟爸說當我彎下身子看妹妹的餵食桶，我的山羊「羊齒植物」推倒我，把牠的小硬蹄子放在我背上，壓著我，爸覺得這頗有喜感，跟我開玩笑說像山羊這種好色之徒，可能是想對我性騷擾。我一直以為「羊齒植物」是母的，現在我可不想再跟牠有任何瓜葛。反正，後來「羊齒植物」也不知去向了。

光是進出木屋就彷彿是「蠻荒國」（Wild Kingdom，譯註：美國國家廣播公司在一九七〇年前後播出的介紹自然生態的電視節目）的一集，燕子在衣帽間內築巢，我緊張兮兮，用手護著頭衝到前門，但燕子在我跨過門檻時偷襲我。

有一段時間，無法解釋的，每次我離開屋子都會被一隻馬蜂叮，媽用牛油揉被叮的地方，但沒什麼用，我總是改用爸的「五葉治療法」。當我能找到五種不同蔬菜時，就在手掌上壓碎，被叮的地方就好了。終於，我們發現馬蜂是在前門的大掛鐘裡做了窩，每次我一開門，大鐘就會響，馬蜂就發動攻擊，可是，這還是無法解釋為什麼只有我會被叮。

而那些蘇格蘭高地牛，牠們一身濃濃的橘色長毛是滿好看的，可是牠們彎彎的角尖得像魚叉，我很怕靠牠們太近。有一次，喬凡尼氣呼呼地衝到牧場，用力揍那些牛，結果因為碰牛角而折斷了手。我甚至不愛穿越有圍欄的牧場，牛群都搖頭晃腦著抬起頭，瞪著大牛眼，嚇死我了。

道格問我要不要幫忙用牽引機搬乾草給牛吃，我願意，因為我喜歡道格和牽引機，我們開到田野裡，把牽引機前方裝乾草的槽降低到地面，牛從四面八方悄悄靠過來，包圍了我們，抽動著尾巴，搖晃著角，邊吼邊嚼。道格大笑，而我嚇得爬上他的肩頭。

有一陣子，我們有過另一隻紐芬蘭狗，是「熊貓」的兒子，牠是隻巨大的灰狗，名叫山姆・馬基力卡提。不過養山姆還不如沒有狗。山姆也和「熊貓」一樣沒精打采，但牠有個嗜好，是捕殺農場的家禽。有一段時間，山姆要不是在宰雞宰鴨，就是把一隻死雞掛在脖子上到處遊走，爸覺得這倒可治癒他自己打野禽的習慣。山姆看起來和死雞一般了無生氣，但牠依然喜歡活的家禽，過不多久，牠也失蹤了。

我想，爸是情願自己動手殺雞的。我們看著他用斧頭砍雞。他告訴我們，雞被殺之後會追人，為自己的提早冤死而復仇。我們嗤之以鼻，別想把這運用在我們身上。於是他示範，剁下一隻雞的頭，將還掙扎不已的身子丟向我們。那個栗色羽毛混著血的無頭旋轉球滾落下來，想砸死我們。我們尖叫逃走，不過後來又小心翼翼地回來看完殺雞好戲。

冬天。我觀察安姬壓著道格的胯部。我們在正房裡，他倆坐在一個下陷的沙發上。他哀求著說他必須去廁所，把膝蓋擠在一起。她則繼續用手掌壓那個地方。我也大笑了，只是我不曉得道格為什麼不能站起來去廁所。

當只有我和安姬兩人時，她告訴我她和道格的情史。一位老師為安姬以及和她發生過關係的男孩們安排了一個聚會，地點在正房二樓安姬的臥室，有些男孩緊張兮兮地歪在床上，還有的在摺椅裡抖著腿，他們應該要談為什麼她會和不愛她的人睡。但道格從他的摺椅站起身來說：我愛你，安姬，會議結束。當她告訴我這一段時，我記得她的笑容，像睡美人，很甜，很陶醉，且似乎知道道格會這麼說。

我把這個愛情故事在腦海裡重溫一遍又一遍，特別是道格說「我愛你，安姬」的那部分。

每逢周五晚上，我們都會開車去格蘭佛斯，好紓解一下我們的木屋熱病（譯註：cabin fever，艙熱症原指因禁閉孤立而引起焦慮等症候），我們可以選擇去看電影或陸上滾輪溜冰。我總是選後者，我在旋轉的彩虹燈光下繞著溜冰場的邊緣溜，欣賞那些情侶隨「三犬之夜」合唱團的歌「普世歡騰」或約翰．丹佛的歌「鄉間小路」起舞，我對那兩首歌的歌詞完全了解。

在長途開車回家的路上，我假裝睡著，道格將我抱在他的膝上，媽坐在前座，我可以從眼縫裡看到她。大家的呼吸讓旅行車的車窗布滿水氣。道格的手臂很柔和，他的胸膛很溫暖，他的膝頭很堅固。我希望車子這樣永遠開下去。

晚上我們待在通風效果頗佳的正房。我好冷。男生大的、小的全都和我爸出門去了，女人們則逗留在木炭爐前。波的母親愛倫的男友——透過報紙人事廣告認識的——也在這裡。他是個卡車司機，他的機械設備停放在拖車旁。這會兒他和愛倫站在牆角，以緊張、機密的聲音爭執著，我們都佯裝不注意。

他開始打她，好像一場一面倒的拳擊賽，快而且後果無可避免，他邊用力邊發出豬般的哼聲，拳頭捶在她的肩上、臉上和肚子上。有人尖叫，包括另一名老師在內，大家都向後閃。媽把我和貝琪推到桌子後面，抓著我們的肩膀。

凱蒂夾在愛倫和男人之間。凱蒂的前臂像盾牌一樣擋在她自己前方，她用深沉、平靜的聲音重複說，現在就放掉她。他撤退了，咒罵屋內所有的人，娼婦。他出去時砰地摔上前門。過了幾分鐘我們聽見他那十八輪大車嗥叫著開出去。屋子裡重新充滿了空氣。凱蒂那年十五歲。

終於，看得見泥土的季節到了。出太陽融雪的第一天，爸把擴大器架到屋外，讓整個山谷充滿佛恩・威廉斯甜美的曲子「雲雀高飛」。我們全都扔了外套，跑到戶外，發著抖讓T恤亮相。浪漫的音樂也沒有用，亞迪隆達山中根本沒有真正的春天，沒有花開滿樹的木蘭或連翹，全然沒有粉彩季節。脆弱的小草從尖而硬的褐黃色稻草下竄出，鹿把僅見的瘦弱鬱金香和水仙都吃掉了。風是濕的，明亮的雪所埋掉的東西都現身了——狗屎、遺失的梳子、腐朽的帽子、手套和牛奶盒，蚊蚋黏上了我們的臉。泥土季節是高潮也是低潮，薄薄的藍天在上方發抖，當大地和冬天角力時，把一切都弄得一團糟。

晚春的某天晚間，我們在我們的堡壘裡，就是圓頂屋門廊底下的地方。我們造了一種秘密語言，任何話都以吹氣的方式抵著嘴講，我們看見主餐廳有燈光，於是我們咕噥著「七克克是十咪」，我們聚集到一扇窗前，裡面，安躺在桌子上，道格在她身上，我們推擠成一團想瞧一眼，興奮地用我們的秘密語言交談。他們注意到窗子上的臉，笑出來，然後為我們表演起來，我們踮著腳站在黑暗裡，看著他們在桌上性交。

我想不通道格和安怎麼會在一起。道格的正牌女友安姬像公主或芭比，是誘人的女妖，有向上翹的鼻子，她甚至還騎白馬。而安全身皮包骨，暴牙，又吐痰又會抓人，道格幹嘛和安做？

假使，在那時候，我曾經從那亮著燈光的窗戶，轉身去看我後面的背景，去看波被陰影籠罩的臉，我會看見什麼？我能讀出我摯友的眼神，懂得他不能告訴我的事嗎？道格和安迫他爬上存放乾草的閣樓，令他吮他們，摸他們。他們傷害他，又威脅他不得張揚。現在，就是這個春天，他們使他永遠變了一個人。

但我那時未曾看他，因此我不曾知道，也不會知道。直到二十年後我才曉得此事，早已太遲了。

現在，不知道，我不曉得當我十八歲道格和我約會時，我們會不會發生性關係。約一周後，在一部卡車上，我坐在道格旁邊，他說要進城幫我爸辦一件事，我開玩笑地拒絕下車，於是他注視著我，他的眼睛突然變得專注，不像他平常的閃爍不定。他說，跟我來。那表情太強烈了。

不要。我倉皇爬出車子，奔向我媽。

我們在波的家裡過夜，早晨醒來，發現愛倫和布萊德在床上。我們回到家，爸摟著蘿瑞在床上。有一晚妹妹下樓時發現保羅和媽糾纏在地上。

生活在一個沒有一夫一妻制的世界是什麼感覺？媽和蘿瑞會坐在一起，耳語她們所共享的男人的秘密嗎？或缺德地咯咯笑，使爸和保羅退縮並核對他們的手法嗎？

或者，例如在泥濘季節，颳冷而濕的風的某天，番紅花冒著芽，我媽和保羅奔向樹林，做他們想做的事，這會兒從一些樺樹後冒出來，手牽手，一些嫩葉貼在他們的頭髮上，他們牛仔褲的臀部和褲腳沾著泥。我爸來了，保羅和我媽會畏怯地把手鬆開嗎。爸會憤怒地大笑嗎？還是他只是牽起媽的手，甚至保羅的手？他們三個人在薄弱的春陽下走在一起，像亞當和夏娃和李莉絲在上帝想不到的伊甸園裡。

對這類情事，以上是我的想像力的極限。若這是小說，我勢必和我媽及保羅保持一段距離，來寫性愛的情景。我會讓他們都是出身愛荷華州的金髮高個子。不過身為一個小孩，反正我也不會太注意他們的羅曼史有何特殊姿態。觀看媽和爸親吻，或媽和保羅，讓我退避三舍，目光轉移，但我知道那些就是大人會做的事。

我對自己的兩性遊戲興趣較高。波來過夜的時候，我們會一起躺在我的單人床上，我們都穿著內衣，討論各種事情，像搭堡壘的新點子，要怎麼蓋一個芭比的刑求室，遊民吃的食物裡都有些什麼材料。然後波問我要不要做。

不要，我說，我知道性交的基本過程，我隱約知道陰莖之類的東西會痛。

來嘛，他說，我以前和一個住我爸附近的女孩做過。

騙鬼。他說認識某人是根本不可能的。

我真的認識，她的名字是若薇。

我很忌妒，不過我不會重蹈若薇的錯誤。我佯裝打個大哈欠，我要去睡覺啦。

幾星期之後，我軟化了，我們全都躺在客廳上方睡覺夾層邊緣的一張雙人床墊上——

貝琪、波和我。我們決定輪流。我讓貝琪先，看她會怎麼做。波穿著內褲呆滯在她身上。就這樣？我以為波知道真正的性秘密，但現在我才明白他要的只是芭比或大兵喬模式的性。我呆呆地想他到底知不知道真相。他這樣溫溫的，沒有繼續做出他被教導的野蠻行為，我實在沒概念他有多超人。

我們都輪流做了，然後開始討論誰最棒，突然，樓下傳來爆笑，我們面面相覷，原來大人全都聽見了，我們躲到被子裡，好像毯子可以為我們遮羞。

山谷裡的青少年，留著油膩膩的長髮，穿髒T恤，戴金鍊，喇叭褲上泥巴已結塊，他們抽菸和會心的大笑，似乎表示他們對性徹頭徹尾地了解。他們如此熟稔，幾乎都已厭煩了。我期待當我青春期，開始和道格或麥可・傑克森約會時，性也會變成我的第二天性。

可是目前，我希望像個塑膠娃娃那樣光滑堅硬、遙不可及。我喜歡像兩件不帶感情的東西壓在一起那樣井然有序的性。

爸說我們將要烤豬來慶祝暖和的日子來臨，我和妹妹跟著爸到豬欄，他召集學生並拿工具時，我們就和豬玩。我們攀上柵欄，跳下去，跳過糞堆到另一邊，豬在我們後面跑，不知道若被豬捉到會怎樣，我們總是贏的。

爸準備好了，他在豬欄外射豬的腦袋，其他豬都在柵欄內慢跑，緊張地尖叫。那隻被射中的豬抽搐著，牠側身倒下時腳還在蹬，我在想人死的時候會不會也這樣蹬腳。接著爸在豬背上插入一個鉤子，把牠吊了起來，然後降到一大桶滾水裡，再吊出來，將牠從頸部切開到肛門，把兩襟拉開，就好像是在開一扇門。我在幾英尺遠的地方觀看這一切，看得入神。周圍都是青少年和其他老師。爸操著切肉刀，取出豆子色的內臟，以及從他手上垂下來一大捲的小腸，他把刀指向豬腦袋，然後又轉向我。

九吋長的豬舌頭，掛在他咬緊的牙齒上。他向我走來，噴著鼻息，我拔腿就跑。他橫過牧場追我，我叫得如魔音穿腦般，幻想著那溫熱、厚實的舌頭在我脖子上的感覺。我看到媽坐在圓頂屋的台階上，我朝她飛奔，投到她懷裡。她溫和地責備了爸。他把豬舌摘下來，笑著回去幹活了。

那一晚，為了烤豬，爸用一塊從一邊肩膀到腰部的紙巾裝扮媽，露出一邊乳房，他將裸露的乳房彩繪著紅和藍的渦紋圖案。在烤肉會上，媽開始有蘭姆酒的氣味，我看著我那向來沉穩的媽輕佻地搖晃著，她的眼睛奇異閃爍，她乳房上抹著手印，保羅總是和媽靠得很近，我不知爸和蘿瑞在哪裡。

為了引媽注意，我用手握她的臉，把她的臉拉向我，但她的目光斜到遠處。我再試別的常用的把戲，用尖銳、成年人的聲音來叫她的名字，我想要把她叫到回過神來，可是這一天，她就是不回來。

我上樓到自己的房間，拿出爸給我的舊的《花花公子》夾頁圖片。我仔細看著上面這些可靠、完全相同的裸體，全都曬成褐色、光滑又無瑕，像我的芭比一樣，在這兒，世界還是井然有序。這讓我覺得很安慰。

但你的感覺是什麼？對我這般極力主張秩序，你是否厭煩？對於女人、小孩、冬天、泥濘的季節全混成一團，你是否厭倦？你預備要踏上男人的探險之途了嗎？皇家海軍之行即將展開。爸、道格、保羅搭一部小貨車先出發，他們載了二十打雞蛋，你和其他人搭旅行車帶著自己儲備的雞蛋，晚半小時出發。旅行車轉了個彎，有輛空卡車擋住去路。

抓了一紙盒雞蛋，拉開旅行車的門，快低下頭，大吼，攻擊！跑到埋伏的地方，這是場沒有保留的雞蛋大戰。笑得太厲害肺都痛了。

蛋洗天下之後，皇家海軍暫時仍照常進行，你們痛飲著蘭姆酒，在海上架起加農砲，幾乎無時無刻不是泡在水裡，無論如何，當朦朦矓矓、醉醺醺的一周終了，你們還是抵達了蒙特婁。

你們全部住進某廉價旅館，痛飲到深夜才回住處——保羅、司令、道格和你。你們在窄小的走廊上一路跌跌撞撞回到房間，穿的是白水手褲，有金扣子的海軍毛料上衣，佩著劍，司令更全副戎裝，包括襪子等等，……而樓下來了一批貨真價實的加拿大水手，穿著貨真價實的制服。

他們堵住去路。

你們是哪根蔥？其中一人發話，全體都在竊笑。

司令答道，我們是女王陛下的皇家海軍軍官。請讓路。

一個水手說，你們這些膿包想亂搞海軍？

司令說，拔劍，紳士們。

大家瞧他這副德性。

請拔劍，他再度用英國腔含糊地說。

你們拔了劍，劍出鞘時都發出該有的金屬聲。你們握劍的方法正確吧？看看道格，他笑得有夠蠢。

大家向旁邊站，司令再次重複。

就有這種空白的時刻，劍出了鞘，有點顫抖而且急切。在幽暗的走廊上，你甚至看不清楚敵人的臉，這走廊如此密閉、躁熱，簡直無法呼吸。

接著水手們聳聳肩，說什麼「怪人，神經病，滾你們的蛋吧」。

他們都走光了，你可以把劍拿開了。

這或許太寫實了點兒。

第六章 最後一仗（1973）

我們有一個黑白小電視，擺在梳妝台上，比我父母的床高，那是全山谷唯一的電視。若扭轉天線，有時能收到第三頻道。爸因椎間盤突出而臥床時，我們放了學就趕回家和他一起看「飆風戰警」（Wild, Wild West）、和「牧場風雲」（Bonanza）（譯註：皆美國六〇年代的熱門影集）我們坐在床尾，腳跟踢著床墊，背部善意的對著我爸。我們已習慣回家時他總是躺在床上，我想他是在午睡，且我以為這是一種英國人的習慣。（關於我爸的每件不可思議的事，我往往都認為和他的英國特質有關，就是那些古怪的英國人。）我還沒發現從烤豬餐會之後，他就必須全天候躺在床上，到目前已經四個月了，他說他是背痛，雖然媽那時沒告訴我，但媽認為他是因保羅和她的戀情而焦躁抑鬱。

這天，雷斯的兒子托比說他也想看電視。托比是個漂亮的捲髮男孩，比他實際年齡長得小，愛踮腳走路。他常常拒絕參與活動，讓身為「小學校」國王、皇后的波和我生氣。他跟著我們上山到木屋。

我不知道，我說，床上的位子可能不夠。

他站在我面前。你不能禁止我看，那不是你的電視。

我把兩手插著腰，你在說什麼？每樣東西都是我們的，我爸隨時可以把你踢出去，如果他想的話。

我爸說我們很快就會共同擁有這塊地了。這樣才公平。

哦，真的嗎？這樣嘛，如果你要看「牧場風雲」，你必須付我一毛錢。

貝琪和波竊笑。

托比猶豫不決。

我向他伸出手，付錢，我說。

於是他掏他那長度露出腳踝的緊身牛仔褲，找出一毛。進屋後我把錢丟進我的珠寶盒，然後我們朝床走過去。

我特別喜歡「飆風戰警」和「牧場風雲」的片頭，都是說打就打。在「飆風戰警」的開頭，一個卡通牛仔吻一位女士，迅速揍了她，然後他靠著牆壁抽菸。而「牧場風雲」是男人騎馬出現，隨興奮的音樂疾馳，突然間片子的周緣著了火，燒到整個螢幕都捲起來。

幾個月後，冬天快結束時，爸下床了，去蒙特妻找一個亞洲人針灸他的背，他似乎痊癒了，現在爸可以去戲院看他最愛的牛仔片。他還帶我去舒容湖電影院看約翰・韋恩的片子，我們常常是戲院裡唯一的觀眾。戲院沒有暖氣，因此他們提供毯子，他們還賣二手家具當副業，舊椅子、桌子、櫃子塞滿戲院走道，你得爬過這些東西才能找到座位。約翰・韋恩的電影充滿開槍、胸膛開花流血、牛仔慘叫翻滾。但打殺越多，爸就笑得越高興，越頻繁捏我的手，讓我知道這些都是荒謬、妙趣橫生的遊戲。

我們開一輛黃色旅行車去格蘭佛斯的路上，車裡擠滿胡鬧的學生，這可能是今年最後一次旅行，因為春天已經來了，雪融化了，這趟旅行是為了逃避艙熱症。我們在泥土路上顛簸，司機布萊德猛踩油門，青少年都愛速度，一直慫恿著他。當車子輕快地滑下山丘，他們興奮喊叫，害我們提心吊膽。

快到瀑布時，我看見一名紅色長髮女子坐在第一座橋中央的一把椅子上，她在畫架上作畫。當車子衝過去時，她轉過身來，畫筆懸在空中。布萊德把車猛扭到右邊，打滑經過那畫家，又錯過第二座橋，結果滑下河堤，掉入上漲的溪水。

車子止住了，歪在岸邊，輪子陷在泥裡，右車窗只比溪水高一點而已，約有一分鐘大家一片窒息的寂靜，然後就笑暈了，滑動式的車門因為是在靠溪水的那一邊而打不開。青少年開始搖晃車子，大笑，喝倒采，試圖把車弄翻。布萊德吼他們。

我很驚慌，乘客這邊的車窗不能開大到足以爬出去，所以我爬過布萊德身上，從駕駛座位旁邊的車窗跳了出去。

妹妹記得是凱蒂幫忙把我們推出去的，這我記不得了，我全副精神都在注意逃生的路，但我能想像她光滑有力的手臂把我們投送到安全的世界。

後來，我夢到橋塌掉了，夢到我們的車落入深水，夢到車子落下懸崖，墜入一片空寂。夜間，我閉上眼睛，眼瞼內出現一些景象，黑夜分解成黑色的棍狀物，高速穿過黑雲，雲太虛無，止不住物體的傾覆。我開始討厭埃卡若斯的故事了（譯註：希臘神話中，偉大工匠第達洛斯設計了翅膀，以帶兒子埃卡若斯逃出克里特。年輕衝動的埃卡若斯卻飛得太高，過於逼近太陽，以致以用蠟黏合的翅膀脫落，造成悲劇。）。

雷斯和我爸對學校的所有權無法達成協議。雷斯希望每個人都能買一份產權，以便成為共同所有。他曾建了一棟房子，就是那個倉庫，可是產權是我父母的。人們表示偏袒雷斯，而保羅和蘿瑞明確表態站在我父母這邊。布萊德持中立。他希望聯名共有，但他和爸有同樣的幽默感，他們去拌嘴吵鬧，以他們慣用的惡棍對惡棍的方式解決問題。於是教職員會議召開了，雷斯熱烈地為共有權辯護，認為能創造一個真正平等主義的社區。我爸大吼大叫、暴怒地跑出去。媽打圓場。雷斯絕望了。我無法打這場仗，雷斯對每個人說，他們像雙頭怪物。

我再也無法騎我的「胡椒」，自從安養了牠之後，牠性情變野了。我看過安騎「胡椒」狂奔橫越牧場，她的腳幾乎蹬到地面，猛抽韁繩，大鐵環的耳環狂轉著。我聽到媽唸叨過安事實上是在毀掉「胡椒」。

阻止她，我說，那是我的馬，可是沒人阻止她，山谷裡每個人都要表達自我，而「胡椒」的表達是越來越粗野。托比有個小紅馬車，他決定要把「胡椒」上套去拉車，「胡椒」逃脫了，我們看著這匹黑白相間的小馬拖著托比和他的紅色小馬車瘋狂地滿山亂跑，跑不見了。又有幾次「胡椒」把我們小孩子帶跑的事件發生後，牠永遠消失了。

那個春假，全體教職員進城去參加一項會議。他們把我爸留下來照顧八個孩子。他把我們全部裝上一部旅行車，帶我們去汽車電影院看「猩球大戰」(Planet of the Apes)。我不喜歡那個星球。那些會說話的大猩猩讓我害怕，而查爾頓・希斯登老是一副苦瓜臉逃避現實的樣子，再襯著恐怖的背景音樂。我爬到旅行車後座，以便離電影遠一點，我們蜷在地上，賴在後座椅上，最後所有的人，都在大猩猩和人類為爭奪星球控制權所發出的不規則的聲音伴奏下，進入夢鄉。

我們在「小學校」裡，是個下雨天，愛倫已經為我們讀了好幾個小時的書，而來到C.S.陸易士寫的納尼亞王國系列的最後一本，書的結尾——「最後的戰役」——毀滅了我。好人打輸了，突然發現他們置身在一個樂園裡，和書中所有的角色重聚在一起，但接著他們明白自己已經死了，他們並不難過，C.S.陸易士寫道「最棒的冒險至此才展開」，不過對我可不是。愛倫讀了最後一個字，把書合上，我們也都被擋在外頭了。

我們瞪著她，茫茫然，很失望。聽著，她說，不下雨了，你們為何不出去玩玩？

我們跌跌撞撞來到「小學校」前面的操場，在陽光中瞇著眼，波和我決定扮牛仔和印地安人，我們把其餘孩子分好，印地安人在這邊，牛仔在那邊。

我來當猴子，托比說，踮著腳。

牛仔和印地安人的遊戲裡沒有猴子，波說。

你們可以叫我猴子鹿，托比說？

選當牛仔或當印地安人，我提高聲音，不然你不行玩。

這裡是自由國家，托比說。

好啊！我大吼，滾你的猴子鹿。我們要叫你鬼猴子。想不到吧？

把他拿下來，波吼道。

托比衡量情勢，拔腿橫過操場。我們全部在後面追，三歲到八歲不等。他跑向樹林，接近波的拖車屋，他抓到一棵纖細的白楊樹，扭著身子爬上了我們頭上的樹幹。

我們反覆唸著，鬼猴子，鬼猴子。我們全體推著樹想把他搖下來。

波跑進拖車屋，拿了一支斧頭來。他隨我們唸誦的節奏砍著，鬼猴子，鬼猴子。可是砍倒一棵樹很慢，我們的念經聲最後無疾而終。波不砍了，扔了斧頭，氣喘如牛。今天真是悶熱，我們知道蚊蚋已經在頭上嗡成一圈，而且，我們已錯過「飆風戰警」，我們的牛仔褲因跑過濕草地都濕到膝蓋了。如果快點，還能趕上看「牧場風雲」。

托比等會兒一定會下來的。

爸和布萊德計劃打一仗，羅馬人對喀爾特人。爸一定是想輕鬆打贏這場仗，因為他讓喀爾特人以正房為基地，而羅馬人必須從樹林入侵。和往常一樣，道格、喬凡尼、保羅最後都站在爸這一邊，而布萊德和雷斯領軍的羅馬人，是精神分裂症患、偏執狂和脆弱書蟲的組合。媽總是扮演紅十字或同性質的角色。可是這次她選擇置身事外，可能她已厭倦扮演和事佬吧。

羅馬人向樹林出發了，穿著紐約市戲劇用品商所提供的羅馬制服。大家同意戰爭明天早晨開打。羅馬人紮營之際，喀爾特人用二乘四的木材在山上蓋一座異教聖壇，就像爸蓋的東西，蓋得快而別具風格；你可以從金黃色、透空的外殼看見天空。然後他們烤了一隻豬，在日落時吃了。

托比跟著他爸當羅馬人去了，但波、妹妹和我只當觀眾，因此我們從草坪上觀看第一場陣仗。羅馬軍隊有模有樣地從樹林中行軍出來。

喀爾特人在穀倉前等著，穿的衣服是用打捆的麻繩將飼料袋束在身上而做成的，他們的斗篷是舊毛毯做的，聞起來有燒木材和卡特牌驅蟲劑的氣味。在每列的第二個喀爾特人之間有一個餵食桶，盛著許多塑膠袋裝好的牛糞，每個袋子都附有一碼長的麻繩，還有三隻死老鼠綁在更長的麻繩上。每個人臉上都掛著齜牙咧嘴的笑。喬凡尼把一只橄欖球灌滿了火藥，導火線頭留在外面。

波、貝琪和我跳上跳下，彼此推擠，嚷著「打啊，打啊」。

羅馬人打著鼓，整齊地橫過牧場，移師到泥土路上。我爸已在距穀倉三十碼的地方設下樁子，羅馬人高呼了口號，開始進攻，他們一面跑一面投擲爆竹。

等羅馬人抵達樁子，爸高呼「射擊」！每一個喀爾特人在頭上快速旋轉一袋滿滿的牛糞並投出去。牛糞袋和三隻老鼠在空中飛行。羅馬軍隊中發出了驚慌的叫聲。不過他們仍舊向前行進。爆竹發出砰砰聲，尖叫四起，汽球開花，人臉上淌著糞和水。

有人將一支點燃的爆竹投進道格背上的火藥袋，他大喊脫掉背包，結果爆炸燒傷了他的手臂。混帳，他呻吟著，混帳，混帳。

突然，令人難以置信的，好像羅馬人反敗為勝了，他們把喀爾特人追上了泥土路，穿過牧場，經過異教聖壇。我們也在後面追著，追上了「婚禮山」，就是他們為這場遊戲所設的界線。現在羅馬人讓他們走投無路了。但是我爸所領軍的喀爾特人闖進一排松樹，下了樹後的斜坡。雷斯怒吼，滾出界線！

可是布萊德和其餘人已經跟蹤喀爾特人下了斜坡。我們跟在後頭滑下去，一面高喊著。等到我們鑽進排水溝，才發現那裡有埋伏，喀爾特人從山脊沿線冒出來，爆竹和牛糞向下雨一樣落到我們頭上。

我看到喬凡尼慢慢移過來，他咧嘴笑了，在牛仔褲拉鍊上擦了一根火柴，把手中的爆竹點燃了。

你不能打我們，我吼他，我們沒有參戰。

反正他還是把爆竹扔過來，妹妹開始尖叫，爆竹掉到她襯衫上，燒著她，波把爆竹撢到地上。

爸！我大喊，爸！

他跑過來，看我們一眼，拍拍貝琪的頭，說，把你妹妹帶回家。

等等，爸，喬凡尼他……我正要說話，可是爸已經走了。波和我把貝琪帶回木屋。媽檢查貝琪的燒傷時，用責備的眼光看著窗戶外，好像她能看見爸不守遊戲規則跑過樹林似的。

等貝琪不哭了，我們從木屋走下山，異教聖壇已被燒了，羅馬人撤退時放的火。我看著它變成灰燼，覺得傷感。喀爾特人已重聚在正房前面。我們看著最後的羅馬人一面尖叫一面奔進樹林，爸狂笑著，看他們一路搖著火把。

那夜在正房裡，爸攪弄著爐上的一只鍋，一邊發出邪惡的咯咯笑聲，就是他和布萊德常有的聲音。他在做一種肉糜餅，是從美國原住民的牛肉乾演變來的一種食物，他在肉和豬油裡加了葡萄乾、巧克力。他把餅送去給羅馬人當作善意的表示。然後那天晚上，爸將部隊移出正房，而潛進山谷另一邊的林子裡。

肉糜餅裡摻有瀉劑，所有的羅馬人都病倒了。托比在外面，八歲的他，整晚倚著一棵樹，因腹痛和拉肚子而蜷臥著。

次日清晨，波、貝琪和我離開木屋下山。布萊德和雷斯正在污衊旗子，他們降下了英國國旗，升起了一件塗了糞便的內衣。接著，他們跑到我爸的鐘塔下，將汽油潑滿整個底座，點燃了，火轟隆隆地燒向鐘塔。布萊德發出邪惡的咯咯聲，但聽來更像是痛苦的尖叫，我們一語不發地看著，他們抓了汽油罐逃向樹林時還一路尖聲狂笑。

我們掌握了生死攸關的訊息，我們從伐木道路趕下山到爸的營帳。走這條路我們有點怕，因為我們知道瘋狂的青少年散布在整個樹林，同時我們又要通過黑熊作為大本營的垃圾場。不過青少年一定已經將熊嚇跑了。在伐木道路最後一段，一道有倒鉤的鐵絲牆擋住了我們的去路。喬凡尼向我們叫喊，間諜！滾開！

我們不是間諜，我們必須去見我爸。喬凡尼拿起一部份鐵絲，我們爬了過去。道格在包紮燒傷的手臂，他陪我們走過去，爸出來了，他看起來不耐煩，我們的聲音興奮得上氣不接下氣，報告了所看到的事，他沒有笑，臉繃緊了。

羅馬人與喀爾特人的戰役驟然終止，但山谷裡的戰爭還沒有完，後來的那周，神經繃緊的大人各持不同立場，會突然互相叫罵。有一次會議中，布萊德大聲說話時，爸對布萊德吼回去。最後，他們達成協議停戰。

五月了，安姬騎著她的馬跑過新綠的牧場，她在疾馳的白馬上看起來好美，長長麥穗色的頭髮垂在身後，後來馬絆倒了，安姬飛過馬的頭部摔下去，她頭部著地跌在草地上，呻吟著。

布萊德和道格上山到木屋來，爸在那兒，正用羊皮擦著槍，他們說安姬騎馬　時碰傷了頭，她吐了，他們必須送她去醫院。爸問了幾個相關的問題，說他在戰時對頭部外傷很有經驗，她不需要去醫院。

道格說，別這樣，老兄，我們只是想讓她去檢查一下。

爸將目光從槍往上移，說不行。

我們帶她去了，布萊德說。

你如果帶她去，你就被開除了。

布萊德壓抑地低吼著，跳上我爸的背，槍滑到角落去了。爸扭動身子，猛地弓背躍起，兩個人都發出哼哼的聲音，布萊德把手圍在我爸的脖子上，最後他摔倒，跌撞到木塊做的牆上。

我們要帶她去醫院，布萊德喘著氣說。

你被開除了，我爸說，他盯著道格。

道格看著地面。我們只是帶她去檢查，道格含糊地說。他隨著布萊德出去了。

那天晚上我們在木屋吃晚飯，只有我們四人。桌旁的黑色撥盤式電話一直響個不停。第一通是道格。安姬有輕微的腦震盪。她只是需要臥床，我媽安撫地說。後來又有好幾通道格和雷斯打來的。我可以聽見他們微小而激怒的聲音。我媽仍舊試圖安撫他們。當我們要繼續安心吃飯時，電話再度響起，爸在媽能接聽之前跳起來。他的椅子滑過地板，他把電話從牆上剁下來，拎到門口，投擲到車道上去了。然後他抓起來福槍，對電話射了又射。

媽開始哭叫，我和妹妹在桌子下面，互相看了看，大笑起來，我們的心臟在胸口砰砰跳動。

第二天，我們在波拖車屋的煤渣台階前。

托比走過來說，我們要離開這裡了。

你們要去哪兒？

反正就是要搬走。布萊德也是，很可能每個人都要走了。

我們想不出該說什麼。

波最後說，好吧。

對，好吧。我附和著。

還剩幾周這學年就結束了，留下的教職員決定帶學生去旅行。我父母帶了一組學生去緬因州海岸線的一個離島露營。在那個小島上僅有一家罐頭工廠、漁船、金雀花樹叢和未開發的海灘。

雨下了整整一星期，我們都發霉了，又冷又洩氣。爸在城裡看到一張海報，說在本地高中將有免費晚餐，是共和黨贊助的。

今年秋天山谷裡將有一次普選，麥高文會贏。我會投麥高文一票，他贏了我會很高興，但不會意外。我會對尼克森感到有點難過，他有大鼻子，他甚至一票都拿不到。

鏡頭轉回小島，我們來到公立高中想吃免費晚餐，走入空且暗淡的穿堂，我們這群頭髮亂糟糟、穿濕牛仔褲、渾身汗味、霉味、菸味的人擠在餐廳門口，想瞧個究竟。顯然，我們來晚了。

我覺得自己好像賣火柴的女孩，看著屋裡的溫馨、光明和華麗。長餐桌覆蓋著上了漿的白桌布，在螢光燈下發著光與熱。男人穿著深色的西服，還有女人們！我以為只有芭比娃娃才會那樣打扮，閃閃發光的亮片禮服，無帶的細跟鞋，雲鬢像堅挺的假髮般華美。一個理平頭的男人已經站在講台上，抓著身前的麥克風。

我撐著，把學生們要把我擠向餐廳的壓力頂回去。不論是不是免費，很顯然我們並未被邀請。我聽到他們低聲討論該不該進去，媽可能說不要進去，而爸說要進去。他們已在收桌子了，可是他們給我們拿來了白磁餐盤。我們把鐵摺椅拿進拿出弄出刺耳的聲音。我不認為還有多少剩餘的食物。我記不得那些千層麵或義大利肉醬派，柔軟的白麵包和融化的植物奶油或焗雞胸，或蓋著鳳梨的火腿，我記得的是那屋裡從食物、人群以及從精神緊張而來的熱力。我們在一項演講的中途離去，走過穿堂時學生們神經兮兮，在寂靜的迴聲裡高聲喧嘩。我看到牆上有一個紅色的拉桿，我停下來研究一番，我才在認字階段，很高興地大聲唸出來「拉」。而且真的拉了。

有節奏的巨大喇叭嗚聲響徹穿堂，我體認到我犯了某種嚴重錯誤。許多青少年奔出建築物，我相信他們抽逃的直覺是對的，我也跟著他們開跑。渾身亮片的女人和西裝筆挺的男人開始湧出餐廳，我們聽見救火車的笛聲由遠而進了。

其中一名學生告我的狀，我媽站在毛毛細雨中，被紅色的閃燈照亮著臉，對一名共和黨官員解釋事情原由，然後又對消防隊員解釋。共和黨官員回到會議上去，我不用坐牢，媽溫和地解釋火災警報器給我聽。

我們返回沙灘上溼透的帳棚，對這些島民的跟不上時代大搖其頭。

第七章 細說從頭（1953-1963）

媽少女時代住布魯克林時，一點兒也不美。為了掩飾青春痘，她在圓臉上塗了厚厚一層灰棕色的粉底。為了掩飾唇上方的鬍，她用過氧化氫去漂白，結果導致皮膚發紅且脫皮，上面還長出濃濃的白鬚。時值五〇年代初，她在家自己燙頭髮，穿的襯衫有漿得挺挺的小飛俠式領子，厚重的咖啡色裙子長度過膝。她和其貌不揚、嚴肅的猶太男孩約會，他們是在社會主義的夏令營認識的。

約會時，她和男朋友會一起看閃爍不定的黑白新聞片，放映著推土機剷著堆得山一般高的泥土和猶太死者，斷肢慘白，而四周的世界黑壓壓一片。外公曾講她的曾外祖父和表親被殺的事，以及他自己的虔敬派（Chasidic，譯註：是猶太人中的保守勢力，反對現代事物侵入猶太傳統生活，以制度化的正統派自居。布魯克林即敬虔派社區的大本營）猶太式童年，天井裡晾衣繩穿過空中、猶太人的小學、家常閒話。後來人都不見了，洗好而未分類的衣服堆積如山；只有少數故事還能重見天日，脆弱的書面資料都埋在鐵盒子裡了。

但希望還是存在，媽從彩色影片上看到復國後的以色列，一些自治式農場上，有像她同齡的年輕人穿短褲、戴藍色便帽，微笑著從青綠的樹上摘採鮮亮的橘子。她可以感受到新鮮水果拿在手中的結實感。

媽的家庭總是被「讓世界稍微更美好」的最新可能性所帶著走，起初是虔敬派的信仰復興運動，接著是社會主義，然後是披頭、嬉皮，現在是女權主義、同性戀，以及重建主義（reconstructionist，譯註：北美保守派猶太教的一個分支，提倡非超自然主義信仰，關注社會正義，期望改造成適合現代人的信仰。跟隨者數量雖不多，但因能吸引知識分子而深具影響力）——在希伯來文叫提康歐連，意思是：世界分裂了，修好它是我們的職責。提康歐連是我們猶太天性中的秘密，悲哀的是，因為我們住在一個碎片般的世界，而樂觀的是，我們相信把這些碎片黏回去是可以辦到的。但無論我們是在歷史的方舟裡晃動，或時代變得風浪起伏，我們這些元老，永遠會是被揀選的人，是祂最先邀舞的對象，我們的手腕上戴著祂的花飾。

我媽是如何一直都相信自己夢想的正確性（即便事情出了錯）？另一件同等重要的事是：少女時期，她床頭有一張社會主義寫實主義風格的亞伯拉罕·林肯的海報，他是她心目中理想的人：一位有著哀慟眼神的殉道者，一位雙手長繭的工作者，高大，從來不說謊，是個在木屋裡秉燭夜讀的愛書人。他高舉被踐踏者，甚至為此不得不變成獨裁者。他娶了個瘋女。他在國家分裂時維持秩序，拒絕讓分裂存在。

媽效法林肯。也像林肯一樣完美，她照料那些可憐人，以及她的妹妹們，因為波蘭老爸白天在服裝區當剪裁師，晚上是自治組織推動者，而她美麗的俄國母親只會呻吟「我再也受不了啦！」，癱軟在沙發上。十六歲時，她住在家裡，唸的是布魯克林學院（譯註：紐約市立大學有十個校區，布魯克林學院為其中之一），主修特殊教育。每個周六晚上，她會束起腰帶和襪帶，緊張地拉肚子；她和約會對象搭地鐵去曼哈頓。回到布魯克林，約會後她總會靠在沙發上，直到老爸從樓上喊「時間很晚啦！」。

到了十八歲，她的皮膚變清爽了，鬍鬚用電療法清除了，頭髮留長編成黑黑的辮子。很明顯她有小腰身，細細的手腕和腳踝、燦爛的笑容。她變成穿黑裙和毛線衣、戴橄欖色扁帽、在格林威治村邊讀詩邊彈指打拍子的披頭族了。她仍然會看關於以色列集體農場的影片，夢想開辦她自己的自治學校。十八歲那年夏天，她去卡斯基爾（Catskills）一個夏令營，為心理失常的兒童工作。

關於我爸的背景，要從一長串謊言說起。爸的家庭總是藉助虛構和神力，克服貧窮、無家可歸，以及法律與事實上的疑問。爸說我們是英國巫婆，千里眼的本領由女性傳承，但爸是例外的男性。這些巫婆能在未來尚未發生前創造未來，不過不要去想像好巫婆葛琳黛的樣子，雖然我們臉長得很像，或去想像西方壞巫婆（譯註：上述巫婆皆《綠野仙蹤》裡的角色），儘管發大火是家族傳統。真正的巫婆對善惡沒興趣，真正的巫術只和慾望有關。

容我詳細解釋。根據我爸說的，他的外婆是一名接生婆，外公是一位郵差，這是在英國島嶼上某處的事，是二十世紀頭十年某段時間的事。塔柏家族住在某偉大產業邊緣獵場警衛的農舍內。

我們叫它普萊馬斐拉農舍吧，可讓人想到西班牙的貴族旅行。因著這名字，那裡四季如春：濕潤、綠得發光，花萼綻開，矮矮的枝子冒著芽，雌雄同體的軟體動物在苔蘚裡相互受孕。腐爛的紅玫瑰爬滿發霉的石砌農舍，一直爬上草做的屋頂。花粉四處飄遊。

我從照片認識了塔柏先生，即我的曾祖父，他有如海象般的黑鬍子，大耳朵，斜視眼，窄而高雅的鼻子。我想像他穿著郵差的藍制服，戴郵差帽，騎腳踏車。下班回家，將腳踏車停靠在石牆上，帶回肉餡餅，綁著繩子的白紙盒一邊已被溫熱的油脂弄濕，他低頭進入農舍，屋裡，他女兒桃麗絲已點了油燈，在桌上擺設好有破損的陶餐具。我祖母有張細緻的臉，身材高瘦，有她父親美好的鼻子。她有點像隻阿富汗獵犬。

晚餐後，桃麗絲會把壺弄熱了來泡茶，而她母親塔柏太太會過來，她是個大塊頭女人，卻包裹在緊窄的、酒紅色的絲裙裡，她的黑髮在頭頂梳了個髻。她戴胸針，有張甜甜的雙下巴臉。她總是帶來佳餚——酸果醬、干邑白蘭地、德汶郡奶油。全家都對這些難得的美食垂涎不已。

不過她這些晚間造訪，通常都來得匆忙，塔柏太太坐在餐廳椅子的邊緣，大口喝下最後的一點茶，談著正事：桃麗絲的裙子需要改大點，玫瑰有枯萎病，我能看雜貨店的帳單嗎？塔柏先生是個溫和的人，他選擇享受茶，而不想爭論，他只是繼續啜著，緩緩地點點頭，他除了對自己的鬍鬚略感自傲，其他方面都很謙卑。他深愛舒適的生活，也深愛他青梅竹馬的妻子塔柏太太。凡是能到手的他都要。

因此當塔柏太太很快地親吻他，幫他擦掉鬍子上的一點奶油時，他再度點點頭，讓她離開了。可是我的祖母桃麗絲又是另一個故事了。她從窗子觀看，咬緊她的暴牙，看著她母親大方的身影消失在車道上，回大廈去了。桃麗絲深深地忌妒。

桃麗絲跑出屋子，她父親喊著「把門關上！有個小乖乖，可是她不關門。」塔柏先生起身來自己去閂上門，唸叨著，桃麗絲是個怪鴨子。

桃麗絲跑著，解掉圍巾、裙子、內褲，在古老的橡樹林裡，變成一個跑得上氣不接下氣的十三歲裸體女孩，她投身在最鍾愛的一棵樹前面。她喜歡這棵樹，因為樹根彷彿擁抱時纏繞的手臂。她滑入樹根的環抱，用魔法來除去自己的壞思想。她閉眼不看，觸摸自己。她的忌妒越來越強烈，然後不可思議地，忌妒全消失了。我爸說，就是這時候，當桃麗絲呼吸平靜地躺著，樹的男神、女神首度向她顯現了。

而這同時，你能猜到塔柏太太抵達大廈時有什麼事發生呢？她告訴管家可以鎖門了，她從大樓梯上到她的房間。放下濃密的頭髮，是自然捲的。從頭上脫去酒色的裙子，剝開緊身衣，淡色的豐胸掉出來，它們被舊式緊身內衣勒出紅印子。她赤裸地躺回床上。穿著絲睡袍的莊園主人進來了，他把袍子掛在門後，她微笑著，他微笑著，他健壯的身體推進入她淡色的身體。我們有慾望，我們會混亂，我們讓農舍免費出租，而他們雙方都很愉快。

桃麗絲長大變成了一個巫婆，不過這對應付日常開銷並沒有幫助，因此她幫一名參加過第一次世界大戰的退役軍人當管家，那人曾在壕溝裡被毒氣所傷。故事其實都一樣，只是不同服裝，不同季節。悶熱的夏天，市郊，在被蕭條所籠罩的倫敦，桃麗絲在廚房外她個人的小房間裡，解開圍裙，往上提然後脫下來，再解開藍色裙子的鈕扣，從頭上拽下來，只穿襯裙坐在沙發床上，用手指抹掉胸前的汗水，將廉價襯裙拉到大腿上，把長襪從吊襪帶上鬆開。門把在轉動，門開了，是她的雇主，全副卡其布制服。桃麗絲使出銷魂的微笑。

我爸就是從上述結合誕生的，以正統觀念去看是個雜種。桃麗絲後來又生了兩個女兒，也是她雇主的，然後他們這些亂而小的家庭管理，被二次世界大戰這種較大的混亂所中斷了。後來桃麗絲的女兒帶了一個新男友回家，是個美國水兵，家傳的奇術露了一手，桃麗絲竟把他從女兒身邊誘走，並和他結了婚。（事實上，共有十六個同母異父的兄弟姊妹。我爸曾試圖讓我弄清楚，但我還是想不通怎麼可能生出這一堆小孩。）

我爸從未再見到他父親，那個在桑梅省（法國北部）被毒氣傷過的人，不斷不情不願地再婚，六十幾歲時去世，有至少十三名子女，他第六次婚姻是和一名二十二歲的女子。從我爸開始，他將每一個長子都以他自己的名字命名，好像這樣就能把我爸刪除掉而一再重新開始。

桃麗絲跟著美國水兵回國，在佛羅里達州去世，享年九十六，死在自己的椅子上。在她的遺囑裡，沒有提及我爸，雖然爸說他每個星期天都會打電話給她。爸說，她沒有留給他任何東西，一根針、一片羽毛、一本書，沒有紀念物，似乎他從來不存在。

就某種心境來說，爸傳承了家庭對「刪除」的傳統，有時他完全不承認他的父母。他認為他真正的祖先是喀爾特人。他崇拜喀爾特會尖叫魔咒的戰士之后波蒂莎。高舉帶血的劍，領導叛軍抵抗入侵的羅馬人。稍後有一天他召我去，指示我他死後如何安排他的遺體。他斷言知道自己死的時辰，因為他繼承了母親的天賦，可是當我要求他現一現的時候，他只是大笑。他希望被塗成藍色，並在僵硬之前，把遺體摺成盤腿打坐的姿勢。爸也像喀爾特人，他的神聖顏色是藍色。

當喀爾特人佔據了大部分歐洲時，喀爾特人已有相當長的一段歷史（譯註：考古證據發現青銅時代晚期，喀爾特人即有遺物在目前的法國和德國西部）。他們在銀白的月色下涉過潮濕的泥沼，穿著獸皮，用人獻祭給神祇。他們升大火堆，喜歡把金子捲編成穗狀飾物戴在脖子上，他們能化入狐狸和山羊，再化回原狀。他們通曉所有關於橡樹、槲寄生和石南的屬性。他們尊敬祭司、說書人、戰士。再沒有任何其他人具有份量了。

後來羅馬人把他們掃出去，薩克遜人從他們身上輾過，英國人取得優勢，我爸最終獲勝。不過我爸不承認和入侵者有何關聯。他部分是祭司，部分是說書人，部分是戰士，他彷彿從沼澤裡出來，直接跨入二十世紀尋找熊熊的火堆。

但我爸不只是個吶喊的異教徒，他也愛騎士精神。當他在大學唸藝術時曾造了一條龍，他請校園美女們彎著身子躲在綠色的絲綢下面，舉起竹竿，讓龍作波浪狀移動。然後他自己穿上鏈甲裝把龍殺掉。他是個色盲的藝術家，他的畫作像墨水畫的黑白羅夏墨跡測試紙（譯註：一種視對墨水痕跡之反應而分析性格之心理測驗工具）。有天他對繪畫感到挫敗，把所有繪畫用具都丟到柴堆上，澆上汽油，把所有東西都燒掉，輟學了。他決定加入皇家海軍或移民去美國當牛仔。他立即同時申請護照和海軍考試，護照先寄達，由於我爸從來沒耐心，或是由於他相信命運以及一個全新的起點，最終他穿上牛仔裝，牛仔靴、工作襯衫，坐在內華達州某間酒吧裡了。

事情大概如此，一個男的走進來問他會不會騎馬。我爸除了有一次看到倫敦的警察騎馬，其實從未看過馬，結果他用他最佳的約翰．韋恩腔調說，可說對啦，老兄。爸說他撒了不少謊，學得也很快。但結果牛仔生活並非他生命中的召喚，反正，該是消失在日落的時刻了。不過由於有這麼點牛仔背景，他找到一份工作，是在卡斯基爾一處為身心理失常兒童舉辦的夏令營當農場指導員。

他不知道這是一個猶太人所辦的夏令營。他一生只見過一名猶太人，是小時候的鄰居，會演奏小提琴。二次大戰期間，這人曾在他們家廚房哭叫，穿著絲絨拖鞋。而現在，夏令營全都是處於戰爭核心的這種人種，而這場戰爭主宰了我爸的童年。他們似乎都帶著異國色彩，敏感、黑髮，即使頭髮顏色淺的也是一樣。

爸說，你媽是我所見過最美、有朝氣和智慧的人類，我立刻就陷入了情網。爸說媽的唯一缺點是她自以為是喬治・華盛頓，從來沒說過謊。

媽其實更機靈，她說她很喜歡他，她說他會說粗野的故事，而她從不相信他說的任何一個字。她說，他的話大部分是真的，但由於你沒法分辨什麼是什麼，所以或許不要相信任何一部份才對。她沒有提到她是否介意，我爸在二十一歲之齡，已經結過婚又離婚，或他兩隻手腕上都有細細的白色刀疤。

爸如何向媽示愛？他讀詩，她患流行感冒躺著時，他為她讀《小熊維尼》，送給她白色花瓶，向她求婚。我媽認為他很羅曼蒂克，也很有趣，可是當丈夫不太可靠。我有沒有提過我爸有多瘦？實在非常皮包骨，又蒼白、暴牙，簡直就像一支灌滿熱情的針筒。

他們離開卡斯基爾，兩個人都回紐約，不過不是一起，他們還是朋友，兩人的關係因我爸的單戀而變得很固定。他纏著不走，為我外公油漆房子，為我媽播放古老的爵士樂，送她一張青綠色的毛海毯子，有一次，他和我外公在中央公園散步，在一片像是隨機樣本般的樹林裡駐足，他挖泥土，挖出一組碟子，告訴我外公他為他們把碟子留在那兒，以備不時之需。

可是我媽感覺到有結婚的需要，因為如果到了大學高年級還沒訂婚，說不定一輩子都要待在布魯克林的父母家了。有人安排她和一個高個子、唸醫學院的猶太學生約會，此人在太平梯種非洲紫羅蘭，還喜歡去動物園。

我媽決定嫁給這個醫學院學生，我爸坐在我媽婚禮上，發誓有一天她會屬於他。現在還有張爸參加婚禮的照片，看得出來他在想這件事。他看上去好像百搭牌——他的腿快活地交叉伸到走道上、巫師山羊鬍、嘻嘻笑的臉。我有沒有提到他貌似林肯，頗令人吃驚吧？

我媽戴著小小的面紗，僅僅飄過她的下巴而已，穿一襲長度及踝、有撐裙環的裙子，腰身二十一吋。

她和那醫學院學生在我爸租來的鄉間房子度蜜月。我爸帶新郎去健行，引他到山上，然後離他而去。新郎千辛萬苦最終下了山。我爸娶了一個英國護士，我媽是我爸婚禮的首席伴娘。我爸和護士回英國定居，生活了一陣子，至少對我媽而言是如此，故事像是到此為止了。

媽有情緒不平時，醫學院學生會和她冷戰幾天，他在家工作時會鎖上工作間的門，對著他的錄音機輕聲細語，不工作或不去學校時，我媽坐在房子旁邊一棵樹下，唸她的特殊教育博士課程。每周五他倆都去義大利鄰居家晚餐，在他們家，濃重的蕃茄醬似乎令我媽失神，她會吃了藥在沙發上睡著。結婚一年半之後，在一次冷戰期間，她秘密計劃逃走。

那時是六〇年代了，她去墨西哥辦了離婚，然後騎著一輛速克達逛紐約，同時和三名男子交往，開始穿鮮豔的迷你裙。

她年方二十四，性感，和藹可親，有一顆變黑的牙，精力過剩，她要一個更好的世界，她要的是真愛。如果要聽到婚禮進行曲，那代表永遠不能再有鎖門那種事。媽決定獨自去歐洲旅行。她走進一家旅行社，可是當她開始詢問機票時，突然咳嗽發作，你沒聽過我媽咳嗽，總是相當驚人的，那種聲音竟出自一個這樣的嬌小、整潔的人。她幾乎是在吼叫、高嚷、狂嗥。她必須離開旅行社，只是票沒有買成。她再試一家，同樣的咳嗽又來了。或許是她身上的某部分知道這趟旅行會導向某處吧。終於，她透過電話買妥機票，她在英國和我爸碰面，他說他已和護士分居，他再度向我媽求婚。她說她會考慮。我媽去了瑞士，登了阿爾卑斯山脈的一座峰，她站在讓人頭昏眼花的稀薄空氣裡，一個全新十年的起始，想著，我若嫁給他，生活將充滿意外。她決定冒這個險。

他們在巴黎會合，我媽為此買了新的黑色法國內衣。我爸太虛弱，他一定會頭暈眼花，不得不躺在人行道上。他的愛情已經悶燒了六年。他們在一家寄宿小公寓找到一間房，我媽登上樓梯，可以感覺到我爸的身體跟在後面，感覺到新胸罩咬進她的肋骨。我爸步履不穩地尾隨其後。我可以想像旅館因他倆圓房的小火山而震晃。

稍後，門口有一陣叩門聲，門房通知我爸他的妻子在樓下等著，她雇了偵探跟蹤我爸，畢竟事實上他們尚未分居。無論如何，我媽從歐洲回來就懷了我。

等我爸拿到離婚紙和簽證，到美國找我媽，我那新婚的父母就住進我外公布魯克林住宅的閣樓。爸在牆壁上畫了穿短裙跳舞的蘇格蘭男人和孔雀。有時他倆會在樓梯上相遇，一個要上樓，一個要下樓，他們會開始談天，坐在樓梯上，一聊就好幾個小時。

我們還有家庭電影，是爸、外公和媽在這段時期搞的。爸當壞牛仔，穿黑衣，外公當好牛仔，戴一頂碩大的白色牛仔帽。爸想偷年輕貌美的女孩，由媽扮演，但外公把他射倒，救走了女孩。這齣代表現在和未來緊張局面的啞劇是無聲方式表演的，有不祥之感，只除了一件事實很清楚，就是他們都玩得很開心，還為忍住笑而咬緊牙關呢。

媽懷孕時，爸去找工作，然後就像現在，他沉緬於狂熱的快速致富型的事，或能讓他穿特殊服裝的職業。他曾做過肉販，花他們僅有的一些錢，去買厚重的白圍裙和大靴子，讓他可以在內臟堆裡走來走去。他做一天就辭職了，由於厭倦或不情願，然後，他不去找工作，反而去看一票兩場的日場電影。

我還在孵化的時候，他們為未來做了一個計劃——為心理失常的青少年創辦一所學校。媽打出簡介，模糊地描繪著一所迷人的鄉間學校，一所除非有學費進帳才能開學的學校。他們必須等幾星期才能寄出簡介，因為他們付不起郵資。

爸想為我取名波蒂莎，可是媽不肯。他倆取得妥協，給我取了聖經中一位男先知的名字，但故意發錯音。這樣他們的小女兒就會像他們其它所有計劃一樣，成為一個「再發明」。

甘迺迪總統被槍殺了。小甘迺迪說他不記得父親的死，他那時太小，或者，過去已被他舉手敬禮的照片所擦掉了，但我媽記得，或許你媽也記得。她那天站在廚房水槽前，邊聽收音機邊洗盤子，播音員的聲音啞掉了，也可能是她自己的。她記得溫水流瀉在手上的感覺，東九街這一頭所有猶太人都哭了，另一頭的天主教徒也哭了。

我父母用從我媽以前一位男友借來的兩萬元，在亞迪隆達山裡買下五百五十英畝的土地。朋友們、問題青少年將聚集在這裡，共創一個比較健全美好的世界。他們把六周大的我拎上破舊的吉普車，逃離都市去也。

我可以想像他們那長達六小時的車程，從紐約出發，開在世界的邊緣，被樹林圍繞，一切就緒。十一月天，吉普車裡冷得足以讓呼出的氣變成煙，車子在小路上跳動，或許他們曾親吻我光溜溜的嬰兒腦袋，我爸舌頭在我媽的嘴裡，我爸笑得斷斷續續，我媽開懷的微笑露出變色的牙齒，而在他倆之間的我，猶如一個幸運符。

第八章 刺繡的女人（1973夏）

喀爾特人和羅馬人的戰役過後，也就是山谷裡人盡皆知的「大分裂」之後，我們從露營之旅歸來，學生都回家過暑假了，我們家去英國旅行，我後來得知這趟旅行乃經過謹慎規劃，爸的用意是要讓保羅的事成為過去，提醒媽雖然整捲線散開了，我們仍舊可以再捲回去，我們依然是一個核心家庭。

不過我腦子裡想的是，我們去的是一個充滿故事的地方，不只納尼亞王國、愛麗絲、亞瑟王、波蒂莎，還有瘋夏蒙和二次大戰。現在我爸的怪癖會有所解釋了。

我們搭乘「法國號」去英國，那是世界上最長的遊輪（想不通怎麼會有錢搭這船）。我們的特等艙內全部都是藍絲絨，船上有個魔術師，還有電影院。我們全都看了三遍「屋頂上的提琴手」，也都哭了三次。

抵達英國時，海關的人一直把爸當成美國人，事實也是如此，他們的口音和爸不一樣。爸認為這不好笑。他繃著臉，覺得受辱。出了海關，我們一直等到他恢復了他的英國特質，才敢跟他說話。在那一天裡，他的英國腔加重了，一直到他找到正牌的腔調。我自此認為英國或許終究無法完全說明我爸的怪。

我們在德汶郡租了一間農舍。普萊馬斐拉農舍讓我想起白雪公主、紅舞鞋，它有半英畝整潔的玫瑰園，玫瑰攀白牆而上，天花板很低，爸解釋，這是因為從前的人比較矮。我問爸這房子是不是真的很古老，他說，噢，很老，喬治・華盛頓曾在這裡睡過覺。我在猜不知是哪張床。

我們每人得到一隻小貓，我們在玫瑰叢裡玩芭比，我們看英國廣播公司播出的「小婦人」。媽告訴我英國的電視比較好，我猜是指他們有比較多的頻道。我父母看了一個在地鐵車站公廁內播放的節目，他倆大笑了一場。

我們從一條小小的綠蔭步道穿過田野到一家小酒館，吃了小牛肉配火腿、乳酪片、肉派、炸魚和薯條，以及淋德汶郡奶油的司康餅。

英格蘭並不像我預期的一片戰亂，她既甜美又安全，正如書裡描寫的秘密花園。我想當個英國小女孩，永遠不回家了。我們還得到皮製的上學用書包，雖然我們根本不會停留那麼久。爸給我買了一件棉的綠花罩衫，像我看過村子裡女孩們穿的那種，我每天都穿著。

我爸的同母異父兄弟來看我們，他倆有相同的名字。叔叔在交響樂團拉小提琴，他給爸某種卡片，證明他是交響樂團的小提琴手，這讓爸很高興。

爸以前藝術學校的老師夫婦也來看我們，師母濃密的頭髮長及腳踝，她穿比基尼式內衣到玫瑰園日光浴，把金髮放下來，我們幫她梳頭。幾星期後，我們到倫敦探訪他們。他們的教師公寓有一個房間養貓頭鷹，那房間黑黑的，開門時，你能依稀看見棲木和發光的眼睛，和拍翅膀的聲響。老師養貓頭鷹是為了觀察，因為他計劃變成一隻鳥。他給我們看試飛的影片，用他做的有羽毛的大翅膀，綁在有滑輪的架子上，大力急速震動翅膀。

還不能用，他愉快地表示。

在英格蘭，埃卡洛斯是不會掉下來的。在英格蘭，變化是無痛、愉快的，像慢速電影裡玫瑰開花的過程。英格蘭是一片花園而非森林。亞迪隆達的森林完全沒有英國花園的特色：修剪整潔、悉心照管、安全馴服。英國花園旁，總有一間小農舍，住著一位勤勉的伐木者和他的妻，他們渴望孩子，即將生育或領養。亞迪隆達森林的小木屋住的是髒兮兮的隱士，穿有羽毛裝飾鹿皮衣服，喜歡咒罵上帝。

綠野、荒原上的長毛迷你馬擠在我們車子周圍；喬・馬曲拒絕勞瑞的求婚，破壞了《小婦人》的快樂結局，但我媽保證在喬續集裡會嫁給一位好人；我們看到羽扇豆、指頂花、灌木樹籬。我們去過一處古堡廢墟，爸說那是凱莫洛（譯註：傳說中亞瑟王的宮廷所在地）。

媽大部分時間都在刺繡。在玫瑰園內她坐在一塊毯子上，繡了一個穿維多利亞式服裝的女子坐在玫瑰園裡，可是她腦子裡想些什麼？為什麼我們拉她的下巴、叫她的名字才能將她回過神來？是在想小而厚實的手？在想大而白的牙？還是他深沉、緩慢像蜜糖般的歌聲？

你可知道古老的英格蘭故事「夜鶯」？一男一女是鄰居，一個擁擠的小城中有兩座石砌城堡彼此緊挨著。女人的丈夫睡著時，她拔掉鑲有厚重毛玻璃格子窗戶的栓，窗子太久沒開過，她不得不將指甲戳進腐爛的木頭，把窗子撬開來。她的鄰居男人也做了同樣的事，他倆交談了。

終於，丈夫問妻子為什麼經常站在窗前，她答說，為了聽夜鶯的聲音。

於是丈夫記在心上。他殺了一隻夜鶯，拔掉毛，像烹雉那樣放在玻璃罩下，端給妻子，他狂笑道，沒有理由再站在窗邊啦，親愛的。現在，她端莊地坐著刺繡，做一種密密麻麻的名為「愛人結」的短針繡，她聽不見丈夫或女兒們叫她，因為窗子現在是打開的，不再關上了。

第九章　葛楚的孩子（1973-1974）

九月從英國回來後，我被帶去看牙。我聽見媽對別人說牙醫是一名大屠殺的生還者。我猜那意思是他是個納粹。當口音濃重的老人進來時，我變得歇斯底里，結果沒檢查就離開了。我們試著找別的牙醫，檢查順利進行，沒有受傷。然後，媽說我遺傳了爸的大牙齒，卻長了個像媽的小嘴巴，牙醫必須拔掉一些大牙，讓其他十一顆牙有生長空間。

他們給我戴上口罩，叫我從十倒數。牙醫和技師開始變得灰灰的，他們的臉和聲音變長，然後我像在夜間的視力狀況掉進了黑洞，自己停不下來，我大哭著醒過來，周圍盡是血，嘴裡已清出好大一塊空間來。

「小學校」在這個秋天更小了。一天下午爸出現，帶著一紙袋的便士糖，他遞給波，說「大家分」，然後就回到MG跑車上，去他原本要去的地方。我們把手伸向波，可是他咧嘴笑笑，拿著糖轉身跑掉了。大家去追，我不信有這種事，不過我就快追上他了，伸手摸到他的黃頭髮，我握住猛拉，不知道自己確實在幹什麼。波往後栽，背部狠狠著地。糖果噴了出來，達斯汀和貝琪爬在草叢裡撿禿喜口嚼式巧克力和聰明豆糖衣巧克力，可是我和波互相瞪著。

他擒住我把我摔倒。

他揮拳打我肚子，又重擊我的背。我大叫並掙扎。他用手指摳我嘴巴，拉扯兩邊嘴角，我怕我的嘴唇會被撕破。波的母親愛倫從「小學校」的台階上走出來，他跳起來逃走了。

我歇斯底里了。波爬上拖車屋的屋頂，拒絕下來。我認為他該挨一頓鞭子，或許該處死，但愛倫卻未插手，而最終我倆還是找到言和的下台階。

幾周後，媽告訴我波、達斯汀和愛倫將搬到緬因州，去和愛倫的有錢新男友同居。他們離開時，愛倫讓波把車開到泥土路上。

除了每幾年回來一趟，波和我將在彼此成長的日子裡缺席。他會變成一個六呎五吋、沉迷危險活動的單身漢，平日擔任閱讀指導老師，周末他會去攀冰，直到受傷為止。有次，他想告訴他母親和弟弟穀倉裡發生的那件事，可是他們不想知道。每天晚上睡覺時，他都把上了子彈的槍放在床邊。

凱蒂拔了她的舍監蘿瑞一大把頭髮，還叫她白種婊子。教職員決定送她回感化院。凱蒂沒有留給我一點紀念物，沒有她的「傑克森五黑寶」專輯唱片，她的髮簪或金鍊子。到了她離校那天，她坐在媽的膝上。她們相擁著哭了。

道格後來也走了，秋天剩餘的日子裡，他都在維蒙州採蘋果，然後遊蕩回到懷特平原市。幾個月後，有一晚上他很晚打電話來，他又染上海洛因毒癮了，媽說服他去維蒙州的戒毒中心。戒毒的第二周，我們獲准去探訪。

媽、安姬、妹妹和我在該中心的餐廳和他碰面。那餐廳有長長的摺疊木桌和金屬的摺疊椅。沿著牆有一大排糖果、汽水、香菸販賣機，消毒藥水味很濃。一些蓄鬍子的男人在牆角玩牌。道格穿著綠色的法蘭絨襯衫，他除了腿和臀，其他部分都變胖了，而他不斷將牛仔褲往上提。

從前我們常取笑他這個習慣，叫他神經病，可是這地方讓貝琪和我靦腆，站在那裡說不出話，緊抓著媽坐的椅背。安姬看著自己的膝蓋微笑，道格雙腿交叉，吸著我們從販賣機買給他的菸，說話說得很快。他的眼眸後藏了陰暗、脆弱的一面，他的皮膚看似透明，他低聲哼著歌詞，笑著，眼睛不看安姬。他說了些老掉牙的笑話，然後說，老天，你們這些女孩都長大啦，好像他不知該如何對待我們。

離開戒毒中心讓我和貝琪如釋重負，安姬也是。

戒毒課程結束後，道格待在維蒙州。他告訴我們他有了新女友。媽表示，很高興他沒有落單。

我迷上一本童書，叫《葛楚的孩子》。葛楚是個洋娃娃，她從小主人女孩那裡逃走，她笨手笨腳地走在雨裡，任憑雨珠滑過臉龐，孤獨地走在夜幕下，毫無懼色。她是木頭做的，沒有感覺。我崇拜她。

在一個孤獨的雨夜之後，她來到一家賣活小孩的商店，她買了一個垂頭喪氣的女孩，名叫安妮。安妮在雪中任由葛楚把她衣服脫光，任憑葛楚把她的金色捲髮剪到禿頭。葛楚把安妮放在澡盆內，而安妮根本未曾試著逃出來。她就只是整夜跌坐在那裡，著了涼。可憐的安妮讓我無法自我控制。我咬牙，在地上打滾，拳頭緊握，我想捏她，一直捏她。一隻獅子差點吃掉安妮，我很高興。我可以感覺到我的犬齒啃著她的骨頭。我為葛楚把熱茶潑到獅子身上救了小女孩而驕傲，結尾時洋娃娃和女孩成為朋友，而葛楚的木心開始充滿感覺地痛苦抽動時，我微微感到失望。

一個新孩子艾菲來了，我得到扮葛楚的機會。他以前一定個子很小，或是受過折磨，因為他幾乎不能說話。我不知道他來這兒要做什麼，但他很明顯不喜歡這裡。他所有時間都站在「小學校」門口長窗戶前的衣帽間裡哭叫，眼淚和鼻涕流下他蒼白的面龐。沒人來安撫他讓我很憤怒，他發出的哀鳴激怒我，他流不完的眼淚、他剪成方形的頭髮、他領子整潔的襯衫，在在都令我討厭。

我偷溜到衣帽間去作弄他。我咬著牙對他耳語，我要來抓你。我繞著教室追他，扮演葛楚用僵硬的步子走路，眼睛瞇成縫，要不就變成獅子，吼叫著「不要再哭了，我要吃掉你」。我討厭他臉上的淚水和鼻涕——他悲哀的證據。我沒有和貝琪分享這個遊戲，我不告訴任何人。

大部分時間艾菲就只是把他的熱臉抵在玻璃上，無視於我的存在。但有一天他跑到教室去搬救兵。他想一面嗚咽一面解釋，可是他沒辦法講清楚我怎樣折磨他，他放棄不說了，而用手指著我。我張大眼睛作出無辜的樣子，聳聳肩，當天值班老師沒弄懂。

有一天，他不在那兒了。我不記得有人解釋過這事。我決定寫一本書，我將一些粉紅色的厚紙折成一半，用釘書機釘在一起。但我開始構思之前，媽說該上床睡覺了，我連給故事起個頭都來不及就上樓了。一等媽離開，我便從枕頭下拿出空白本子，我把檯燈儘可能地拉到床邊，然後，我精明而卑鄙地拿出我最好的府綢裙子，掛在燈泡上，點亮了，燈

透過裙子閃著綠光，真是漂亮，像一扇彩繪玻璃窗，又不會亮得讓媽從樓下察覺到我。我
提筆開始寫。

約十五分鐘後我小心翼翼地下了樓。媽？

她正在餐桌上埋首文書工作，抬起頭來說，你應該已經睡覺了。

我能和你談話嗎？

早上再談吧，乖寶。

可是我有要緊的事。

她答應讓我坐在她旁邊。

什麼事？

這個嘛……

說嘛。

只是……

說嘛。

房子著火了。

媽尖叫一聲衝上樓去，她拿著燃燒的檯燈跑下來，裙子黏在燈泡上，燒著，燈罩也一

樣。她身後的電線像一條憤怒的尾巴，她將這堆東西全丟進廚房深深的水槽裡，打開水龍頭。煙冒上來，氣味很糟。我的裙子黑了，而且看上去黏答答的。

媽溫和地解釋光、熱和火之間的因果關係。她沒有解釋和寫作有什麼關聯。

冬天，正房燒掉了。沒有人受傷，但會議室、餐廳、辦公室、學生臥室，全都毀了。

春天，保羅和我媽開車送蘿瑞去醫院，她產下一名女娃。我和貝琪是我們這種年齡的小孩中唯一留在山谷裡的。爸買給我們芭蕾舞星的服裝，釘滿亮片閃閃發光。貝琪的是淡藍色，我的是黑色。我們穿著這身服裝表演唱歌，「你不回家嗎，比利貝力」和「比利，別當英雄」。我們倆都不知道如何彈指，可是我們以彈舌頭、將手指壓合在一起假裝一番。

到一九七三年春天，女人都受夠了。她們要來一趟屬於自己的皇家海軍之旅。我爸從善如流。他將送所有女士到仙普蘭湖上。爸表示他非常支持婦女解放，等不及女士們引誘他的時代來到。

媽拒絕這趟旅行，而我們也未被邀請。可是這是最後一次皇家海軍的旅行了，所以要好好把握。爸讓一位女老師駕旅行車，自己坐在車後演戲，兩隻手臂環繞著兩個年輕女子。她們咯咯笑著、尖叫，唱我爸教的下流皇家海軍歌曲，「當你們從水裡上來，開始划船，喝必要的蘭姆酒，太陽已發熱，所以你們全部決定脫掉上衣。」十二名裸胸划船手，加上我爸扮演的指揮官，醉陶陶地徘徊在仙普蘭湖平靜的碧波上，一邊是亞迪隆達山脈，另一邊是綠山山脈。漁夫和渡船上的遊客有的瞪著她們，有的遮住眼睛，有的拿起望遠鏡。新的一天正露出曙光。

一天結束時，你們全都跌跌撞撞爬下船，曬焦了，胃也凝固了，我爸和一名醉醺醺的女學生消失在樹林中，他們不會耽擱太久。回家的路上，他和一名女老師在一間旅館下車，但及時趕上晚餐。

媽已經聽說這一切。她不覺得這很有趣。那天晚上，他們大吵，爸摔了門出去，不知去向。整夜我媽都在想，出事了。到早晨，她發現他整晚睡在地下室的摺床上。

媽和爸的爭吵越來越激烈，也越來越頻繁。媽做了飯，爸沒來吃。媽繃緊的沉默時間和愉快的時間已經一樣長了。後來爸出現了，晚得不像話，像陣暴風刮過，總帶著件禮物。爭執開始，媽的聲音是在控訴，而爸採攻擊之姿。爸扔了什麼東西，產生了第一響爆裂聲，第二響是他摔門出去，接著是媽哭叫得上氣不接下氣。

妹妹和我在石砌的壁爐後面窺視，直到我們受不了，然後衝到他們床邊跳上去，滾來滾去，笑得歇斯底里。

我問媽他們是不是要離婚。她說，永遠不會。

媽必須去紐約參加一個會議。她說爸會照顧我們，一等她離開，爸說安姬，即道格的舊女友，要來當我們的保母。因為是頭一晚，我喜歡有個保母。安姬幫著我們烤了她拿手的夢之餅，很好吃。安姬漂亮又和氣。但是到了晚上，她沒有走，她和爸睡在一起。

第二天，我們四個人進城去，爸走在我們前面，牽著安姬的手。爸問她願不願意當媽媽，然後他倆大笑。我想談談媽，只是希望求助於她的名字，可是我想不出來該說什麼，我覺得暈眩，世界傾斜了，我們要被掃到別的地方去，而我是唯一注意到這件事的人。

晚上，我睡不著，老鼠煩死我了，我躺到地上，睡在妹妹旁邊，無聲地哭泣，我不想嚇到她，她似乎沒注意到牆上的抓痕。

終於，我真正的媽媽打電話來了，我聽到爸告訴她一切都好，然後他把話筒遞給我，他站在我身後，電話線伸過我肩膀，壓迫著我的頸項。她問我們過得如何，我覺得呼吸困難，我說的話我知道會戳破爸玩的這場遊戲，如果那是個遊戲。

現在安姬是我們的新媽媽嗎？

我媽回來了，她和爸要在木屋單獨相處。蘿瑞帶我們去她的A字形房子烤蛋糕，量麵粉時，我從窗戶看出去，爸的MG跑車急速開出去，飛砂走石。我看到媽的背影，以及爸的標記深褐色頭髮。他們要丟下我們不管啦，我說，抓著窗台。蘿瑞站在我背後，那不是你媽，她說，那是安姬。

第十章　說謊遊戲（1974）

我們和蘿瑞在A字形屋子裡烤蛋糕時，我的父母衝進木屋。我們把攪拌好的麵糊倒入鐵皮碗裡。我父母在尖叫著謊言、不忠、錢等，我記不清楚那些字眼，只記得當時的情景。我們加了四分之一杯的油。那還是頭一回，媽成了帶頭砸碟子的人，砸的是那些有綠色細絲邊的古董盤子。

貝琪和我用電動攪拌器打麵糊。

現在媽把屋裡所有的盤子都打碎了。媽說這樣就粉碎了魔咒，彷彿她是某個被施了魔法的公主從長期沉睡中醒來。或許就是此時，她覺醒加入了婦女解放運動。爸站在門口。他後來告訴我，媽就是那時把壁爐架上沉重的鐵製佛像舉起來擲到他身上，標出了他的命運。我爸未來的師父仁波切以後會說，若佛像真的擊中他，他早就頓悟了，結果擊中牆壁而碎掉，所以我爸還有漫漫長路要走。

貝琪和我舔舐攪拌器，用手指擦攪拌盆。

爸急速將ＭＧ跑車倒車下坡，半途碰到正光腳爬上山的安姬。

我向窗外看，看著車子疾馳而去，我手上還拿著攪拌器。蘿瑞帶我們上山到木屋去，我媽躺在床上泣不成聲，臉紅紅的，枕頭和套子都被眼淚弄濕了。我們爬上去，在她身旁一邊一個，她說她和爸將要分居，嘗試性的分居六周。我和妹妹也開始哭。

我要我爹地，貝琪哭喊。

我想著他黑髮的後腦杓，他車開走的時候，連回頭看一眼或招個手都沒有。我恨他，我說。

他們抵達蒙特婁時，他給安姬買了鞋子。我知道這事是因為媽接到信用卡公司寄來的帳單。媽打電話給安姬的父母，安姬的媽說她並不意外，安姬曾試圖引誘她自己的繼父。狀況不一樣，媽答道，不過她未曾進一步解釋。

在蒙特婁買過衣服，他倆去了緬因，爸就是把他的船「藍鼻二號」存放在那裡，是用正房火災賠償的保險金買的。我們在船上待過一星期。我知道那條穿過緬因的路，灰色的，連綿數英里都是茂密的常青植物，沒有房舍，我記得躺在車後媽給我們鋪的床裡，那種繭居的感覺，整夜航行，睡睡醒醒，遊移在我父母的聲音之間。

在船上時，我讀英妮．布萊頓（Enid Blyton）所寫的英國推理小說，關於兩個孩子航行到一座神秘島，可是當爸要帶我們到一座真正的島嶼去時，我卻驚恐萬分，想像爸會在顛簸的浪上作弄我們。他答應停在港口。他買了掛在頸鍊下的那種小銀盒給我和貝琪。媽把橢圓形的迷你小照片貼到盒子裡，一張是她自己，一張是爸的。

安姬才比我大六歲，我不知道她是否也得到銀盒子，但三周之後，爸把安姬划到岸邊，把她留在那裡，我可以想像安姬站在滿是樹木和石頭的湖邊，她的長髮飄拂在身體四周。我可以想像她買的鞋子，紅色的麵包鞋讓她顫危巍危地傾斜站在岩塊上。我想不出她痛哭的樣子，雖然要是我的話就會痛哭，向離我而去的小艇丟石頭。我甚至也想不出來她生氣的樣子。我對安姬的印象只有美。而我的想像都不對，她後來的生活其實平靜如佛。

爸準備要回家了。

太遲了，媽淚淹過膝，正在哀悼他倆關係的結束，所有形容淚水的老掉牙名詞對我都重現新意。在那個春天和夏天，她的眼淚是成桶、成桶的，湧流成河，匯聚成湖。

幾星期後，我們首度在周末造訪他。他開新的白色歐寶到山谷接我們。我對他的印象向來是雄偉自負的，他的腦子總想著征服，我不習慣他對我們特別注意。我使出尖銳的對話。怎麼樣，爸，你都過些什麼日子？貝琪坐在我旁邊，沒說話。大體來說，她是個話不多的孩子，事實上，我倆玩的時候通常都不談話的，而現今她變得不只是安靜，而是沉默了。她在未來二、三年都會難得開口。

車子行駛間，爸說今天是父親節。我們坐在侷促的後座，為我們沒有精采的禮物給指揮官而汗顏，且也沒錢去買。他把車停在一家男士服飾店前，給我們一張二十元鈔票，叫我們進去幫他買內衣。

我們打開叮噹作響的店門，面對著成排的男裝，在穿花呢西裝的店員嘻笑的表情注視下，我們挑了一些紅色和藍色的內衣。爸告訴我要選中號的，可是店員讀了一些我們不懂的神秘數字。我們甚至無法遞送這件假的禮物，空手走出店門口的台階。爸進店為自己買了內衣，他和店員笑成一團，而我和貝琪站在他背後不知如何是好。

後來，我們站在霍華強森旅館的停車場，看著他在車蓋上畫了一個橢圓的英國國旗，他運用膠帶遮蓋，因此畫出的線條完美無瑕。一如平常，我佩服他做事不猶豫，但他的畫布已經從整個山谷縮小到他的跑車車蓋了。我不想看他預備他的小旅行車，放逐去流浪。他形單影隻，一個聰明的魔王星老爸，將從我們身邊消失。

可是我弄錯了，他是要離我們而去，不過並非形單影隻。我當時不知道，不過幾周前在維蒙州一處達摩中心，他遇見了他生命中的第二次最愛，一位西藏佛教師父，是從西藏山裡面逃出來的僧侶，曾在牛津唸書，因車禍而成殘障。在這維蒙州的修道會上，爸坐在聽眾裡，看著仁波切的貼身學徒們為他的座墊充氣，遞給他玻璃杯裝的冷水，他有種強烈的慾望，他恨那些學生，發誓有一天要變成仁波切背後的影子。

這時，我也有自己想做的事。

我上木屋去找媽，她已在她和爸的古董四柱床上哭了好多天。她的啜泣聲真刺耳。她瘦瘦的肩膀顫抖著。偶而，她用藍、紅錦緞床罩的邊抹她的紅鼻子。

我站在床邊，說，我不想整個夏天坐在屋裡看你神經崩潰，我伸開握著的一張皺巴巴的宣傳單，是我在一大疊信件裡發現的，上面寫著：體面的女孩圍繞營火，手挽著手，張著圓圓的嘴唱歌。

六星期後，我在赴貴格夏令營的路上了，是獎學金付的錢，媽和我開車進維蒙州，車窗開著。

我問，你和爸會不會合好？

她說，不會。

我問，你為什麼討厭他？

我記不得她怎麼講的了，可能是，我不討厭他，我只是不信任他，因為他撒謊之類的。反正我聽到的訊息是爸和別人結了盟，那些人不是我們的同類，他們是沒被選上的人，是要為大屠殺（譯註：指二次大戰納粹殺害猶太人）和越戰負責的人。他們不能被信任，因為他們說謊。

我也討厭說謊，我說，看青草地上有黑白花色的牛。

「小花營地」看起來和我們家的木屋同樣暗且髒，令人欣慰，暗和髒是我熟悉的室內情景。這裡有堆肥，豬在白色塑膠桶裡攪餿水，雞隻呱呱叫著；豪豬在我們的單斜頂小屋邊上囓了一些洞，小屋都聞得到發霉毛巾味。我的紐伯瑞牌鐵皮箱已推到床下面了。

媽親吻我，答應每天寫信給我，淚水湧上了眼睛，然後在走道消失了。我在歷年來女孩們簽滿名字的木頭睡鋪上打開睡袋。寶莉來過這裡，一九六〇。艾瑞卡愛亞倫，一九六六。凱特，琪琪。我不認識其中任何人，我充滿想家的情緒，不過並非我現在的家，我發現自己想念蘿拉．英格絲．懷爾德的木屋，而不是我自己的。

藍色的夜幕旋即低垂，共有十二個十歲大的女孩圍繞著營火，被煙燻得直咳嗽，彼此的臉孔都很陌生。我從未跟這麼多的同年齡女孩相處過，也從未見過這麼多不認識的人。為了鼓起勇氣，我想起我最近心儀的英雄——印地安俘虜瑪麗．潔美遜，她被放到完全陌生的環境，故事結尾時，你分不出她和真正的伊洛魁族印地安女子有何差別。

我們烤麵人——用樹枝叉著一小團調配好的餅乾麵粉。這些細枝是我們從樹木鬆垂的樹枝中搜來的。我們雙手握著枝子，手指和手掌因烤餅乾而僵硬了，有的人，像我就是，把麵人拿得太近而著了火，有的人烤出完美的咖啡色。我旁邊的女孩把麵團掉進火裡，她聲音顫抖，我的膝蓋碰到她的，她躲開了。我可以看到其它營火和別圈的女孩，她們的背影讓我覺得自己被敵視。

輔導員說我們要玩一個遊戲來彼此認識，他們用嘹亮的聲音說：每個人都要想三樣關於自己的事，兩個真的，一個假的，然後我們要猜哪個真，哪個假。

我跟著其他人發出抱怨的聲音，心跳得好快。小組安靜了，大家開始不顧一切捏造事實。這是個可以幫我交朋友的遊戲。有些事實我立即就放棄了——我或許是一宗大船難的唯一生還者。於是我想了一些可以引人興趣的事實：我爸會玩戰爭遊戲，我們家有橘色長毛牛，我住過印地安人的圓錐形帳蓬。

要想謊言像真的，必須讓它們聽起來平實一點。我玩過芭比，我懂什麼是平實：我有個妹妹叫絲琪波，我有個朋友叫肯，我住的是夢想屋。

我們走成一個圓圈，女孩們笑著，很熱衷，可是不太擅長這遊戲。有人說了不只一個謊，有人不知如何扯謊：她們咯咯笑，臉向旁邊看，扭動嘴巴，突然停住，或最終沒有說出謊言。而她們的謊都太不合理，而且顯而易見。

輪到我說了。第一，我有個朋友名叫肯。沒人有反應。第二，我爸喜歡玩戰爭遊戲，所以我們全校分成兩組，像喀爾特人和羅馬人，人們穿著粗布袋，我想那應該是束腰用的。

我環視貴格營女孩們的臉，她們想我是個瘋狂的好戰者。可是我繼續滔滔不絕，無法打住。從來沒人教我如何和陌生人談話。

一方留守在家，另一方藏身樹林，在營地四周布置帶鉤的鐵絲，然後這場仗用到爆竹、水球、大桶大桶的牛糞，真是瘋狂，人人都在吼叫，牛糞流得人滿臉都是，而最後一仗離譜到放火燒鐘塔。

我得到幾個人緊張的竊笑，我深呼吸，嚥口水，想講一點簡單的東西。第三，我住在一個自治式社區。

什麼是自治式社區？一個人小聲問。她隔壁的女孩聳聳肩，翻轉眼珠子。氣氛是焦慮的寂靜。

難的是，我已說得太多，太晚了，我知道真相將會讓我不得好死。我計劃躲過去。現在讓我來揭曉：真相是我有個朋友名叫肯。其它全都是假的。

我不知道媽在幾百里之外是否能感受到破洞，我再也不會安安穩穩的了。我已經開始撒謊，我加入了李莉絲的行列，我和魔鬼祕密地打了交道。

話說某星期六，爸現身來訪，只有我們，在營地上方的一個青綠的小丘上，他帶了野餐，汽水、洋芋片、糖果，所有我那標榜吃得健康的夏令營所不允許的違禁品。

我牛飲著山露汽水，緊張地想說點好玩的事。爸，你知道嗎？我們永遠都知道什麼時間做什麼事，因為會敲鐘叫我們串珠珠、吃飯、游泳。游泳時我們有所謂的第五自由，我們不一定要穿衣服，如果我們不想的話，就不必穿。

我有兩個摯友，她們的名字是荷普和葛萊琴。還有個女孩讓我們受不了，她老是罵我們××，而我們只對她說「我知道你是××，那我是什麼啊？」或者我們會說，「我是橡皮，你是膠水，不管你說什麼都惹不到我，而且都會黏到你身上」。

爸告訴我他要跟隨師父往西方去，我們會有一陣子無法見面。

我只有想家一次。守夜的時候，我必須把睡袋放在帳篷開口處的外面。但輔導員讓我跟她睡（直到眼淚湧上來我才哭出聲），輔導員拉我出睡袋，把我塞進她的睡袋，她沒穿衣服，體熱和皮膚帶來的震撼止住了我的眼淚。我整夜睡在她臂膀舒適的蒸汽浴裡。）

你對我和你媽分居有何感受？

我很高興你和媽分開，我機靈地表示，因為我可以單獨和你相處。

即使我不會來看你。如果你需要什麼的話……他說。

帶咖啡因的汽水和糖果令我眼花，而我們聊得滿好。爸，你知道嗎？我總認為你最喜歡貝琪。

是的，他說，美嘉，你知道我媽曾預言我會有兩個金髮的女兒，而其中一個會是同性戀，你有沒有想過你可能是同性戀？

爸！

你看你腳踝這麼粗，可憐的女孩，你遺傳了我的。我總是把你想成很陽剛氣，我總是把貝琪看作女兒，而把你看作朋友。

我扔掉垃圾，做出一個冷冷的、清脆的嘻笑。我說，我朋友夠多了。

他大笑。

媽每天寫信給我：

——我愛你，心肝。

——我們正在結束學校，我們在山上舉行了告別典禮。（人人都漸漸轉進七〇年代。安會當律師，凱蒂要當社工人員，喬凡尼是一個重生的基督徒。）

——我在維蒙州一個小城的諮商服務處找到一份工作。你可以在那邊上學，有很多和你同齡的孩子。（想像我的馬尾紮著有條紋的絲帶，穿心型圖案套頭衫、棉布褲子，踩著木屐。我玩陸上曲棍球。對學校滿腔熱愛。我隱密在自己房間裡讀歷史小說或放保羅・安卡的「她有了我的孩子」，身穿綠色緊身舞蹈衣跳著舞步。）

——貝琪和我找到一間公寓，是在一條可愛的小街上。你會喜歡的。你可以選你房間的壁紙。道格已搬回懷特平原市，但秋天他也可能搬來維蒙州和我們住。你可以把當他成我們家領養的哥哥。

——我們都想你，我們一直數日子，直到重新聚首的那天。蘿瑞和小寶寶要搬到波士頓，她將回學校。保羅會和我們住。（我可以想見保羅告訴蘿瑞他將離她而去時，她的臉是如何憔悴，她會變成一名教授，十八年都不會再婚。她會恨我媽。）

——我終於擺平貝琪的頭髮問題了。我們每天都放下來弄那些打結的頭髮，整整搞了一個月，她真有勇氣和耐性。她甚至都沒哭呢！

——乖寶，我要告訴你一件非常、非常難過的事，道格死了，死於藥劑過量。我們會在木屋後的院子裡放一塊大石頭來紀念他。（我問我大學年齡的輔導員人怎會因藥劑過量而死，她回答我那是很容易的。）

——再過一周我們就要見到你了，真等不及呢！我們繼續數日子！

最後一晚是「間諜之夜」。共有二十名間諜，是秘密選出來的。其餘一百五十名夏令營學員當守衛，散布在木屋外圍，這一夜木屋就是「皇宮」，間諜們必須離開營地，和他們所選的聯絡人碰頭。藉著連絡人的幫忙，間諜要試圖突破敵人的防線，進入「皇宮」，而不能被抓。

天在下毛毛雨，我拿著一小時前傳到我手中的小紙條，上面潦草地寫著字，我和是我摯友之一的連絡員在樹林裡，就在營地旁邊。（二十五年後，我依然記得她稀疏的雀斑和美麗的金髮、不安時叉著腰的樣子，以及在複雜的擊掌遊戲中，她和我手掌碰擊時輕微的刺痛感。）

我們的計劃是這樣的：我脫下上衣，脫掉短褲和內衣，只穿運動鞋，我的連絡員拿著我的衣服，放到一棵樹的凹洞，然後拿一杯從廚房偷來的豬油，我挖一手掌油，拍在腿上並塗抹開來，她再挖一手掌的油，塗在我背上。我們耳語，噓，你閉不閉嘴？用鼻音和咬緊的牙齒笑著。我把豬油塗得到處都是，手臂、身體、臉上、脖頸、腿上，然後我們臥倒，等候著。

林子漸漸黑了，豬油似乎引來了蚊子，我們聽見遊戲開始的打鐘訊號，我有一個小時闖進去，我聽見喊叫聲，戰戰兢兢地，我不想再浪費時間了，走吧，我說。

我們開始在林間移動，模仿老虎昂首闊步，直到自己垮掉，又改為踮著腳走。第一棟木屋已經在望，我們藏身其後，我向外窺視，看見女孩和女人們穿著南美土人的外衣，拿著手電筒，興奮地彼此叫喚。我們發現一條布滿石頭的窄路通往小山，可通到主要的大木屋。

我朋友問，準備好了沒？

我點點頭。

她穿過林子闖進去，守衛人員出動跟在她後頭，通向「皇宮」的路徑清空了，我開始跑。

還有一個，這是誘餌，捉拿她！捉拿她！我聽得見他們的沉重腳步在我後面響起。我試圖跑快點，用盡我可能的速度，我的胸作痛了。某人向我高速衝來，我繼續跑。

她在濕泥土路上滑跌倒，我受傷了！她說。

我跳過她。

而我真實的感覺是，自己好像獅子般兇猛，準備要咬人以便逃到「皇宮」大門。我衝上小山，到了主要的草坪，跳過潮濕的草。「皇宮」的警衛從四面八方跳過來，一個抓住我的手臂，她的手滑到我的手腕，我甩掉她，繼續前進，又一個抓到我的背部，因滑膩感而驚恐地尖叫，退縮了。

我逃脫了，沒有人能捉到我。

我破門而入，喘著氣站在燈光下，警衛大笑著進來了。我的聯絡員來了，頭髮裡有細樹枝，每個人都用手指輕觸豬油，搖著頭，她們用毯子把我包裹起來，遞給我一杯滾燙、沒味道的熱可可。我先前逃避的人群，原來就是我投奔的人群，我們聽見有人喊，間諜，間諜，警衛們跑回屋外，遊戲又繼續進行。

第十一章 勿執著

我問媽可不可以把她的談話錄音，以便做回憶錄。她答道，如果她會被出賣的話，看樣子可能是被她自己的女兒出賣的吧。

錄音機打開，她談了兩個小時，關於她童年的事、她和爸早期的關係，可是她不肯讓我錄學校的事，因為：你爸在山谷所做的事，有些一直讓我不齒，這可能就是我不想談的原因，我想我怕世人知道，在某種意義上，我曾是他的共犯。

但在我要錄媽談話之前，她想告訴我一些秘密。通常，是我們在開車去牙科，或去大學的訪談的途中，她的手在方向盤兩點和十點的位置，她深沉的聲音，讓車子充滿了我不確定我會想聽的故事，聽了以後，我有種衝動想把車窗搖下去，讓那些話快點流出去。但總是太晚了，媽的回憶魔術般地和我自己的回憶緊緊糾結在一起，像一串沒完沒了的髒手帕。

我可以看到爸爬上水泥塊鋪的階梯，進到火災後當辦公室用的拖車屋，他打開綠色的支票簿，從後面撕下四張。然後，我媽在拖車裡花好幾個鐘頭，用她的鉛筆輕敲著帳本，試圖打平一個不平的戶頭。到了晚上，爸晚到不像話才回家吃晚餐，他的呼吸充滿酒味和性，快活地打開他的寶物——他為自己買的一具古董大砲、給我們的芭蕾舞娃娃、一件給媽的洋裝。

爸說我們很富裕，而媽說這是個貧窮和缺乏的時代。

還有些回憶，大部分是我的。女人們聚在一起，從事各種不同的談話治療，而我爸在放一部電影給男孩和男人看。我呢，如常一樣，選擇活動是看有沒有趣、有沒有權力的運用，而非性別分明的活動。我記得幽暗的木屋，擁擠的起居室，大家懶散的歪在地板上，影片滑過放映機產生喀嗒聲和嘶嘶聲，爸放的是「喀洛登」（Culloden，蘇格蘭的古戰場所在地）。他一定已經在那裡好一陣子了，因為我記得他解說那片子給我聽。一七四六年英國人殘殺蘇格蘭人，農人和小男孩以乾草叉和斧頭為武器抵擋訓練精良的軍隊。他們用老式的步伐，隨風笛和鼓的節奏集合到一起，蘇格蘭人被屠殺，一個小男孩被射倒，他緊抓他父親的外衣，但父親繼續行軍，把兒子拖在後頭。

電話響了。爸回來說正房失火了。

我們全都下了山，圍著燃燒中的建築。有人抓住我的手，抱著我的妹妹，但不是媽。

低低的雲充滿雪，可是空氣是暖的，灰燼斜斜地落下，燒著房子的火有種低沉的聲音，是令人驚恐的呼嘯，難以判斷，是不是大家都被通知了？狗在哪裡？我聽見爸在燒著的房子裡找喬凡尼。終於，爸蹣跚地出來了，後來，喬凡尼被發現在倉庫的閣樓上睡覺。

豬隻被關到靠近正房後面，發瘋似的尖叫，撞鐵絲網，彷彿想把自己滾到火焰裡。我希望圍籬耐得住。後來道格到辦公室，奮力將影印機、打字機扔到屋外。我記得看見他的黑髮被火焰從身後照得通亮，人們直喊「出去」。

我記得本地方報紙上那張灰色、模糊的照片，照片主要顯示巨浪般的濃煙，一朵蕈狀的雲將嘈雜、火花以及恐懼全都掩埋掉了。

有次在我們的車程中，媽說她認為是爸為保險金而放火，因為未免太巧合了——每個人都安全逃出。我試圖想像他如何安排這事。我可以想見他穿著深藍色牛仔褲、工作衫、繫著墨西哥鑲銀與綠松玉的皮帶，快速穿過建築物，戴銀戒指的手指抓著一只紅色汽油罐，將汽油澆在會議室的綠色地毯上，一路澆到媽堆滿帳單的桌子上，然後是熱帶魚缸旁縐巴巴的床，潑到法蘭絨襯衫、牛仔褲和工作靴上——尚未沾染汽油味之前，這個充斥著濃厚個人物品氣味的房間。他有否被驅使要挽救任何東西？還是他內心深處不經意地觸及了正確方向？於是我爸詮釋自然律，破壞不像失序，倒像一種重整，一幅萬物運行的圖畫。

他是否為了錢而燒房子？我記得他和布萊德談到學校的財務困難，他倆坐在木屋充滿刮痕的長桌前，爸站起身，點燃了蠟燭，放在桌子中央，他打開扁扁的荷包，拿出一張五十元鈔票，在手上翻了一面，把鈔票邊緣伸向燭火，他捏住一角，看著它逐漸變黑，化成灰燼，我記得布萊德神經質地大笑。

媽說正房投保金額低過實際價值，再加上更換辦公室和廚房設備的花費，因此總計損失很大。

我只是個孩子，我那暫時的核心家庭在維蒙州一個小鎮沿街步行，我父母為財務問題爭執著。爸說如果你要錢用，你都會弄得到的。他掏口袋，拿出一把銅板，撒出去，銀色、銅色硬幣在陽光下閃閃發亮，叮叮咚咚地落到路上，我想要跑到排水溝旁撿那些錢，可是爸緊抓住我的手，不讓我去。

爸想要什麼都很強烈，卻也很短暫。許多東西都已從他的指縫中流失掉了：亞迪隆達山五百英畝的山野、一大堆古董武器、一輛古董戰車、一艘帆船、一間旅館和在加拿大新斯高夏省的船長屋；在巨石市、紐約市以及華盛頓州、佛羅里達州或西徹斯特、丹佛、緬因州等地的住宅；一輛紳寶汽車、一輛MG，許多朋友和情人，五個妻子、五個女兒、一個兒子。我不認為他有多想念其中任何一件人、事、物。他出手也很大方——他配帶的劍、穿的毛衣，牆上的照片框。我從未聽過他希望拿回任何東西。爸說你可以將佛教濃縮成一句基本教義，一句引於佛本身的話——「勿執著」。

爸和我一直沒有彼此依戀，但我們有時會通個電話。在過去二十年裡我和他大約見了十次面。

他去世前的幾年，仁波切告訴爸是他離開山谷的時刻了，在世界上走自己的路。我爸說仁波切認為他應該開創他自己的宗教，即「狂心宗派」（Crazy Heart Lineage）。一九八六年我剛大學畢業時，去波士頓看我爸，他在那兒承傳了我祖母的衣缽——當僕佣。爸和他的第五任妻子以及第六個孩子——男嬰，同住在燈塔丘一棟貴族公寓的僕人廂房。他扮演一名英國管家，穿著昂貴的花呢西裝，他還買了禮帽。

在波士頓待了一、二年，他又把家搬到曼哈頓為比爾．柯斯比（美國影星）當管家。他們住一棟有兩間臥室的公寓，他隨身帶一只呼叫器，抽昂貴的雪茄，他的公寓裡有佛壇，用鍍金盒子供著仁波切的一雙鞋子。牆上掛著我繼母的相片——夏天她在拉斯維加斯當歌舞女郎，羽毛從她頭上伸出來。另一張顯示她是芭蕾舞者，身穿短紗裙。他的家人似乎孤立於紐約市，高高地窩在小公寓裡看錄影帶、喝清酒。他們覺得這種文化已經到了轉化點，而想遷居加拿大新斯高夏省買座農場養山羊。

我和丈夫過訪時睡在沙發床上，早晨爸會拿茶來給我，在我三、四次的造訪中，我愛上了我爸三歲的兒子，他有著藍色大眼睛，喜歡漂亮的戲裝，一有機會就跳舞、追鴿子。他追著我們到電梯前，求我們不要走，我幻想著領養這孩子。

不久之後，我和丈夫有了自己的孩子，我們到華府看我爸，他已和前任妻子分手，為住在水門大廈的夫婦當管家。我爸看上去高雅溫文，遞給我們酒杯，烹調美味的印度料理。公寓內部用灰綠的絲絨裝飾，能夠俯瞰波多馬克河的全景。在客廳，爸的老闆和不同總統合影的照片佔據了一邊牆壁，另一邊牆壁則完全是哈巴狗的畫像。他們有兩隻氣喘吁吁的老哈巴狗，興奮時會暈倒，爸似乎很喜歡牠們，他把其中一隻抱在腿上坐著，撫摸著，起身拿更多酒和更多昂貴的巧克力。

爸的老闆正在渡假，他告訴我他已使他們改信佛教。去年車禍時，在場的警察覺得奇怪，為什麼當管家的我爸會坐在後座，而雇主在開車。爸答覆，因為我太累。

爸舉起我的兒子，送了他一件漂亮的玩具，把他帶到窗邊向外看，後來，他送給我兒子一張他自己身穿橘色袍子的八乘十照片，背面寫著：這也是你血統的一部份。愛你的外公。

無論是見面或通電話，我都保持輕鬆的調子。有時我爸想說點嚴肅的事，像是，我知道我是個糟糕的父親之類的話，但我都用反諷的方式回答，躲過這種話題。

最後這幾年他會固定打電話給我，你過得好嗎？乖寶。聽起來總是疲倦而和氣，可是我警覺著不要和他太親近。我和他的接近，曾讓我在山谷裡不受欺侮，而我又在我們之間保持足夠的距離，讓我覺得對他有安全感。我終其一生都是如此對他築著藩籬。

近來，他退休不當管家了，全副精神都投入狂心宗派，名片上印著「喀爾特佛教僧人」。他會身穿橘色袍子，戴著綠松玉項鍊，到一些學院和會議談宗教。他致力於募款來建他的第一座達摩中心。

他回想他的一生，佛陀總在決定性關口顯現。他記得小時候有次在聖誕節第二天，全家在一個中國餐館吃飯，就在那兒，他對玄關的微笑金色佛像著了迷。八歲那年的聖誕節過後幾周，鄰居女孩死於白喉，接著我爸也被傳染了，躺在床上，發燒作夢中，那金佛向他顯現，佛心散發著光芒，射進爸的身體。他的燒退了。

他說在山谷時他並不喜歡殺動物，屠宰讓他抑鬱。我說他看起來似乎樂在其中，他說那只是表演罷了。

而當然，他記得他最後離去時，媽把佛像摔到他身上的事。

時值二千年的夏天，比爾．柯林頓仍是美國總統，他也是六〇年代的產物，性感、熱心、有些道德上的爭議性。白宮沒有牆壁，因此我們都知道他如何處理他的雪茄（譯註：柯林頓喜歡抽雪茄，誹聞案爆發時，一些媒體藉題發揮許多了性笑話，作者此處應是一語雙關）。至於我自己，不久後住到加州去了，我們在那兒享受輪流限電、百萬住屋，大家都將雅房分租，而天從來不下雪。

我住在一間公寓，有一個兒子、一個女兒、一個丈夫、一份工作、一些朋友。我的生活結構一點都不驚人。我在一所開明的大學教書，我很多學生都是嬉皮的後代，他們有深思熟慮的傾向，言談略帶譏諷，懷著一些道德苦惱。

我們飛回東部想做一次探訪。走筆至此，已接近故事的尾聲了，是團聚的最佳地點，一個大和解，但那是不可能的，結果我們分別作兩處行程，一趟去看我媽，一趟去看我爸。

我丈夫騎單車旅行的那一周，孩子們和我去亞迪隆達山看我媽和保羅。（他倆已過了二十五年的同居生活。）我妹妹高中畢業時，媽和保羅離開維蒙州，遷回山谷。他們獨自住在木屋裡，有書、電腦、傳真機、兩線電話。保羅通勤工作，我媽成為一名心理諮商顧問，常搭飛機或開車出門，電話可以講上好幾個鐘頭。

只是電話線經常會不通，春天有時道路被洪水淹沒，他倆就會好幾個星期孤立無援，有次他們還划獨木舟去取信。爸想不通他倆怎能過得像隱士一般，他們不會無聊嗎？他問我。

或許他們尚未從感官超載（譯註：或稱感覺過度負荷，一種精神症狀）中復原吧。在我看，他們從不無聊，他們滿腔熱忱。我孩童時期，媽忙於教人關注大自然，可是現今她會在林子裡一坐就好幾個鐘頭，只是觀察鳥和松鼠的日常生活。幾年前，保羅射殺過一隻熊，媽以能把熊物盡其用而自傲，她用嬰兒食物的罐子裝了一罐熊油給我擦皮鞋。她讀安妮・迪勒（Annie Dillard，譯註：美國作家，以散文集《溪畔天問》出名），把一副狐狸頭骨帶回家，煮沸過，然後裝在燈的紗罩上。野生世界能讓她快樂地哭。

保羅喜歡電腦和牽引機，他是一位猶太教學者。像我爸一樣，媽和保羅已漸漸變成宗教狂熱分子。媽和保羅都是重建主義猶太人，他們致力於為老宗教注入新生命。宗教是他倆共同的異象，一種再生與超越的共有經驗，他們依然忙碌於過去的癖好。

去年一年他倆都待在以色列，在她寄回來的照片裡，媽看起來容光煥發，她寫著那是住棚節，即慶祝秋收的節日，聖經命令你要歡樂過七天，對她毫無困難。他們在耶路撒冷的房子上，蓋造了單斜頂的屋頂，懸上石榴、鳳梨、小小的白燈，以及棕櫚葉，晚上就睡在裡面。一天大清早，媽醒來看見蜂鳥輕快地繞著水果飛，媽做了感謝禱告，然後蜂鳥大便在她的枕頭上，媽只是大笑，再做了另一個感謝禱告。

我妹妹說媽這麼快樂令她反胃。她說，鳥糞就是不會攪擾到她。

至少現在她察覺到有鳥糞了，我說。

我的小孩在車上睡著了，我開了兩英里泥巴路來到山谷。我經過雙瀑布，就是多年前旅行車滑出道路的地方。我有個不愉快的幻想——我們翻車了，車子開始向下沉，我搖下車窗，解開安全帶，去拉後座的小孩，只要我果決行動，就能救大家一命。綠色的渾水從打開的車窗湧了進來，我抓住孩子的手臂，不，或許抓衣服會更好，甚至抓頭髮，我叫他們深呼吸，我們從車窗游出去，我將他們推向上面的空氣中。

我認為這幻想源自於媽、保羅或我妹妹讀過我的回憶錄之後，我們還未見過面造成的焦慮。在電話中，媽說她喜歡這回憶錄，但現在，我擔心回憶錄會造成某種預料之外、不能挽回的傷害。我想起那個導致旅行車翻車的紅髮畫家。

我妹妹在維蒙州做陶器生意，她開車來，過了橋，與我們同時開進通往木屋的車道。

她爬下被千斤頂抬起來的黑色福特小貨車，曬黑了，瘦骨嶙峋，留著染淡色的短髮，穿了鼻環，她穿一襲迷你裙，小山羊皮夾克，厚底鞋。她親吻我的頰，感覺是輕而乾的。

媽提議我們都去湖邊，妹妹不想去。她現在已學會暢所欲言——帶著報復成份。她和爸斷絕往來好多年了，她說她無法接受他操控人的方式。現在沒有人叫她貝琪了，大家都叫她貝嘉。她拒絕一般人對待么妹的刻板模式。別惹她。

這會兒，她宣布她和我要一起進城去幫她買個備胎。悉聽尊便。於是我們把孩子留給媽照顧，就出發了。她把厚底鞋丟到小貨車的地面上，光著腳開車。我看著她戴著銀戒指的優雅手指，搭在方向盤上，她戴著銀戒指的優雅腳指踩在油門上。

幸好在那本回憶錄裡，你沒把我弄成哀怨的小受害者，她說。

她告訴我，以前偷拿爸的槍威脅要殺雷斯全家的美蒂，在電話簿裡發現了她的電話，曾一天打給她達六次之多。她留話給貝嘉要她轉告媽，她對那次事件深為後悔，美蒂表示不是故意要嚇任何人，她只想獵鹿，依靠大地的出產生活。我妹妹播放最後一次電話留言，她這樣說，貝嘉，請告訴你媽，我對你爸燒房子，用那筆錢買遊艇，還和一名十五歲的學生跑掉，我曾極度困惑。請告訴你媽，如果她能寬恕他，她也能寬恕我。

她怎麼知道那些事？我問。

為什麼她認為媽原諒了爸？貝嘉說。

貝嘉告訴我她最近作的一個夢。我在冬天和一大票人走過這結冰的橋，她說，我穿著橡膠靴，人們開始掉進水裡，雪真的好滑，我很害怕自己也快要掉下去了，因此我把身子向後傾，想讓自己穩住，可是卻滑落到水裡，我的靴子開始進水，就在我向下沉的時候，我看見其他人，有些溺斃了，有些試圖游泳。我想，我可能會淹死。

然後我有種誇張的念頭：不，我快快游到水面，我脫掉橡膠靴，掙出水，向其他人大叫，把你們的靴子和衣服脫掉，那些東西會把你們拖下去，我說，游泳。

貝嘉很快對我自嘲而勝利地微微一笑，說，把這個夢寫進你的回憶錄。

妹妹離開之後，媽、我和我的孩子散步穿過山谷。留下的兩棟A字形房舍，夏天出租給藝術家和作家。山谷這些日子以來更不像山谷了，充塞了人工栽種的快速生長的樹，像柳樹和白楊，河狸湧進一塊田地，我們的鄰居將雲杉種得到處都是。保羅已盡全力阻擋樹的氾濫，他正駕著他最新的玩具——一部紅色古董型牽引機剷除它們，我們可以聽到隆隆響聲。媽展現她慣有的健談、精力充沛的本色。我們一面猛拍蚊子，她一面讚美我的孩子漂亮，一面讚美青蔥的山谷有多美。

我們沿著雙線的小徑走進樹林，即當年喀爾特人曾用以做堡壘的地方。孩子們前前後後地跑來跑去，發現著樹枝和蜘蛛。她去以色列的這一年來我尚未見過她，我對她僅只匆匆幾瞥。她的形象是雙重的，一是我童年時代的母親，頸部曲線修長，我對她的愛慕是種身體上的熱愛，這個她，是我期待扮演我道德指南針的人，會用她光滑的雙臂擁著我，將我按在她完美的乳房前，低唱著，別擔心，我們走的路是對的，她只為我的樂趣和舒適而存在。當然，新的她，短髮花白，戴副高雅的老花與近視雙焦的眼鏡、鳥般的瘦，似乎已淨化至只剩一片熱情以及一把骨頭了。

媽和我談過在產業的地界內，幫孩子們蓋間遊戲屋，而現在，這就是啦，驚喜藏在一棵小雲杉下面，孩子們衝進去，我低下頭也跟了進去，依我的想像，遊戲屋地板上會有油布，有格子棉布窗帘，是我小時候期盼的整潔的小房子，但是我媽設計的這屋子，是用過去山谷學校建屋用剩的木材所造的，裡面有木頭和煤渣塊搭的床，鋪著印地安印花床罩，還有粗木板架子。我真蠢，竟以為媽會做一間迷你的市郊伊甸園，而那是她從來都不感興趣的事。

孩子們似乎很喜歡這間座落在樹林裡的鄉村小屋，他們開始玩拓荒者遊戲。

媽和我在林間長滿草的空地坐下來，離他們約幾英尺，螞蟻在我們腳踝上爬來爬去。

這裡不是以前的垃圾場嗎？我說。

對啦，猜猜看下面埋著什麼？

什麼？

波的拖車屋。保羅和蘿瑞的福斯金龜車。

我細看這微微突起的地形，實在看不出下面會埋著那麼大的遺物。

我們略談到妹妹。妹妹在某方面更像我父母，她在跨性別和變性慾者主張的前衛潮流中勇往直前，她找出一種生活方式，是媽和保羅雖給予協助卻不真正了解的。幾年前，在她的超性別婚禮上，她穿著白紗，她的超性別伴侶穿著西裝，是個雖生為女人卻自認為是男人的人。

你覺得貝嘉這樣永遠不跟你爸說話好嗎？我媽問。

我沒回答。我不知道。有時，我覺得我和爸的關係遠遠超過妹妹和他的關係，而有時，我又覺得我根本還沒開始發展和爸的關係。我大聲說，你知道有趣的是什麼？祖母把爸屏除在她的遺囑之外，爺爺遺棄他，而現在他的女兒不跟他說話。好像人人都想把他刪除掉，而我不大敢說的是，連你也假裝他從不存在。我在找若干憐憫，可是我找錯了地方。

想想他假裝他母親已死的那種樣子。媽搖搖頭。

佛教真的改變了他，我說，他在電話上聽起來總那麼和藹。

真的？她聽起來頗為懷疑。

他談到關於你的好話。

他有嗎？

他說遇見你時，你是他所見過最美、最聰明的女人。他說你婚姻中唯一有問題的事是，他想和別的女人睡，而你不喜歡那樣。他說他可以了解。

或許他終於有良心了。媽不吃這一套。

他並沒有做太壞的事。我為他辯護。

你在開玩笑？媽身子倚著我：他做了很嚴重的事。他打學生，他和學生睡覺，跟他們談權力的濫用。他和一名十八歲女孩發生關係，還邀她回家度周末，我還替他們燒飯。有一次，他划船把凱蒂和安帶到一座島上，他們在那裡裸奔。

他們有發生關係嗎？

我不知道，或許吧，或許他曾嘗試。

你怎麼知道這事？

他一定告訴過我。

我沉默了，只是看著孩子們，我的頭發熱，一片空白。

聽這些對你很難受嗎？媽說。

我不知道，我想知道每一件事，部份的我會想知道。但某些事告訴女兒似乎不太恰當。

你以前聽過那些事的。

沒有，我沒聽過。

我們的遠足頗為愉快，她一拐一瘸地走，我們走了相當遠的路。

媽，你只是要把他說成魔鬼，這樣你就不必為任何事負責。

你說對了。

那很難，你總是把他看做某種惡人，因為我知道我很像他。我一直覺得自己是蘿絲瑪莉的嬰孩之類的東西（譯註：一九六八年的電影《失嬰記》中蘿絲瑪莉懷的孩子是撒旦的種）。

那是個錯誤，我好抱歉。有一天保羅叫我「道學母狗」。

我微笑了。

真的，和我共同生活不是那麼容易。我的確是「道學母狗」。

我看得出來她喜歡這樣說。

她說，我不擔心回憶錄，我一切悉聽尊便。不過只有一件事真的讓我不舒服。

我的心揪起來。是什麼？

你寫你爸離開時，我用床罩抹鼻涕。我絕不會做那種事，我都用面紙。用床罩，那太噁心了。

一周後，我們和我丈夫會合，去新英格蘭看我爸，他在那裡已全然改頭換面。他和最小的兒子，如今十二歲，夏天都和他住，他們住在一個小城的一間農舍裡。爸來開門，穿著正式的白襯衫，袖子捲上去，黑褲子，小眼鏡，他灰色的長髮用一只銀髮夾束著。腰部微傾，那姿勢讓我聯想到那和扮演管家或軍人的角色有關，略顯嘲弄，而介於鞠躬和敬禮之間。他戴了牙托子，新牙很漂亮，白且直（你的牙可真大，祖母）。

從華府搬來之後，他的東西還沒拆箱，這間農舍就像新英格蘭農舍該有的樣子，有寬條地板，磚造壁爐，殖民式的家具。他還在扮演移民的角色嘛。

他們養了隻愛吠的小狗，一隻科基犬（譯註：一種牧牛犬），跳到我孩子身上，我兩歲的金髮小女兒整個下午都坐在我腿上，爸尚未見過她。他說，她真漂亮，小心啊，她會讓男孩子瘋狂。而對我五歲大的兒子，他只瞄了幾眼。

他為我們做了羊肉加薄荷醬的晚餐，他告訴我們他夏天的計劃：來一趟非洲狩獵，然後愛爾蘭佛教徒將在都柏林市外提供兩個月住宿給他。或許我的同父異母妹妹蘇菲和緹麗會和他在那裡碰面。緹麗很美，但蘇菲長得像我們。他搖搖頭。

我的小弟不太像我們，倒比較像勞勃．瑞福在「大亨小傳」裡的扮相，他穿著私立高中制服，金髮剪成二十幾歲年輕人的髮型，他命令爸做這做那，告訴他穿什麼衣服，又如何幫他重弄名為「瞌睡時間」的茶，說要沖泡五分鐘，並加一匙蜂蜜。

爸要我幫他編頭髮。他的頭髮滿好的，濃密、銀亮亮的，可是等我才編好，弟弟卻說看起來很古怪。用髮夾夾起來，它的長度就不會那麼顯眼了。爸遵命照辦。

爸微笑地一副可憐樣。這是我的報應，我忽略了我所有其他的孩子，到頭來我得在晚年伺候小王子。

小弟的確讓我想到一個夢遊的王子。我不知道要和他說什麼，我們談了室內裝潢，他給我看他最喜歡的雜誌「建築文摘」裡的照片，是一個有柱子和布幔的紀念性房間，他是個把自己保護得很好的男孩，我也不想深究，只說，如果你需要任何東西的話——正如爸常對我說的。

爸把茶照小弟喜歡的方式端來時，我說，爸不是男僕。

你爸是什麼呢？爸問道。吃過飯後，孩子們都在樓上睡了，我的同父異母弟弟也才帶了他的茶和雜誌到樓上他的房間去。爸、丈夫和我圍坐在廚房餐桌的木頭椅子上。

我答道，我爸是個狂野不羈的人。

瘋子，他同意。爸開始談了些仁波切的死，他是他最愛的導師。我爸說一般人對於仁波切和學生睡覺的事總覺得不舒服，對他所有狂放不羈的事覺得不舒服。爸說有次仁波切承認他做得太離譜了。

那仁波切道歉了嗎？我問。

沒有，他沒道歉，他說他太離譜，但若他不是這樣，我今天不會在這裡。

我說，我懂了。我們開始談山谷學校。

我想我曾幫助過部分學生，他說，你想他們之中任何人可曾有過一些快樂？我那時太自我中心，都沒注意。

我丈夫和我爸聊天。他很高興我丈夫烹飪技術不錯，把家裡整理得井然有序。他對他說，如果你離開美嘉，搬來和我住。

談到某一點時，我丈夫提到我不喜歡別人指使我。

為什麼不呢？爸問我。

我聳聳肩，你會喜歡讓別人指使嗎？我問。

我當過二十年的僕役，親愛的，爸尖銳地說。

你怎麼辦到的？

他起身，在一個箱子裡翻找，拉出一把長長的銀劍，我稱它為「我的自尊斬斷器」。

我們又談了更多，他說，謝謝你把你的回憶錄寄給我。寫得真好。

他已經在電話裡說過這話了。而我也只重複說，爸，謝謝。

除了一件事，我並沒有燒掉正房。

告訴我那時事情怎麼發生的，我說。

我們都在山上的木屋裡，他開始回憶，道格打電話來說正房某處在冒煙。

我趕過去看，我們一人拿了一具滅火器，上了樓，有煙，可是找不到火在哪裡，然後我看見煙從樓上浴室天花板的活門洩出來。我仍在想，要是我沒有打開那個活門的話……，可是我開了。

火焰和煙突然爆開，我叫道，我們去把水管接起來。我們跑下樓，把每個人都召聚起來，組成一個救火隊，但那實在太荒謬了，到了某個時點，我放棄了，說，讓這地方燒掉吧。

接著我們想起少了一個學生，我進屋去找，我上樓，檢查了每一張床，煙非常濃，我知道我必須逃出去，但我找不到門，無法呼吸，幾乎要死了。

州警最終說起因是油燒著了，從爐子上方一個合板的排氣孔冒出來。

你認為是道格放的火嗎？

不，我不認為是道格燒掉房子。

其他還有什麼，爸？

有一大堆煙。

那一夜，爸把他的房間讓給我們，自己到樓下睡沙發。我丈夫出去車子上取我們的箱子，我安靜地走進樓上熄了燈的臥房時，孩子們都在床上熟睡了。我往下瞥見老式的金屬地板鐵閘，蹲伏下來，就在我正下方，那個沒有打扮、沒有偽裝的，是我的父親。他開著燈睡覺，銀色的長髮散在沙發上，他的手臂交叉抱在白色的胸膛前，從這個優越的觀察點，我可以任意仔細查看他。他真的變成了一個自我消滅的溫和佛教徒了嗎？靜思已疏導了所有那些火氣嗎？我丈夫，是個學科學的人，說我們體內的原子經常會替換，因此每九個月我們就會再造自我，甚至寫一本回憶錄也不能把我們帶回過去，我們已經是另一個人了。

因此這便是最終的結果了，我想。當最初開始寫作時，我計劃記下一本公社回憶錄，我花無數個鐘頭和主要角色錄音訪談，又花上好多個小時小心翼翼地改寫，但逐漸地，草稿一再重寫，我接收了一切。我，波蒂莎，戰鬥之后，奪取了所有的故事，把它們全都歸我所有。

而我更過分，改變了這一切。你會相信那個悶熱的午後，我巧遇道格和安正好在乾草間裡凌辱波嗎？牆壁上有把乾草叉，我高舉過頭，把他們兩人刺了又刺，然後波和我跳出乾草間，降落在一堆塵封的乾草上，逃走了。

記不記得我如何開始做我的手工書，而讓那個檯燈著了火？實際上那才是燒掉正房的火。闖禍的總是我。

我也不相信，不那麼信。你瞧，這是有規則的，沒有嗎？

我聽見樓下前門有輕柔的敲門聲，又再敲了。我丈夫叫著，哈囉？誰來幫我開門哪？爸沒被喚醒，是他故意把我丈夫鎖在外頭嗎？這是個玩笑嗎？他是在裝睡嗎？我聽見我丈夫在敲客廳的窗子。

突然我爸的眼瞼閉了回去。他似乎正在瞪我。我不確定，我不動。屋子外面，我丈夫叫我爸，然後又叫我的。

或許，這是戰鬥之後該採取她自己的行動的時刻了。